仿真科学与技术及其军事应用丛书

基于本体的 CGF 建模

王 勃 张立民 李 岩 编著

国防工业出版社

·北京·

内 容 简 介

本体与语义网技术是人工智能领域的一个重要研究内容,并随着互联网的发展而不断进步和完善。将本体技术用于计算机生成兵力(CGF)的研究可以提高虚拟战场环境中作战实体的智能性。

本书通过分析 Agent 技术在 CGF 行为建模应用中的现状和问题,提出了将本体技术用于 CGF 行为建模的思想。书中介绍了本体技术的基础——描述逻辑及其扩展,分析了 CGF 本体建模方法,建立了面向 CGF 的时空与事件本体模型和虚拟战场环境模型,以及与 CGF 实体推理相关的角色、态势感知、作战计划等模型。

本书可以作为相关专业本科生和研究生的教材或教学参考书,也可作为有关工程技术人员进行相关研究的参考书。

图书在版编目(CIP)数据

基于本体的 CGF 建模/王勃,张立民,李岩编著.—北京:国防工业出版社,2013.10

(仿真科学与技术及其军事应用丛书)

ISBN 978-7-118-08868-7

Ⅰ.①基... Ⅱ.①王...②张...③李... Ⅲ.①计算机仿真—应用—作战模拟—研究 Ⅳ.①E83 – 39

中国版本图书馆 CIP 数据核字(2013)第 217461 号

※

*国防工业出版社*出版发行

(北京市海淀区紫竹院南路 23 号 邮政编码 100048)

北京嘉恒彩色印刷责任有限公司

新华书店经售

*

开本 710×960 1/16 印张 11¾ 字数 185 千字

2013 年 10 月第 1 版第 1 次印刷 印数 1—3000 册 定价 48.00 元

(本书如有印装错误,我社负责调换)

国防书店:(010)88540777   发行邮购:(010)88540776

发行传真:(010)88540755   发行业务:(010)88540717

丛书编写委员会

主 任 委 员　郭齐胜

副主任委员　徐享忠　杨瑞平

委　　　员　（按姓氏音序排列）

曹晓东	曹裕华	丁　艳	邓桂龙	邓红艳
董冬梅	董志明	范　锐	郭齐胜	黄俊卿
黄玺瑛	黄一斌	贾庆忠	姜桂河	康祖云
李　雄	李　岩	李宏权	李巧丽	李永红
刘　欣	刘永红	罗小明	马亚龙	孟秀云
闵华侨	穆　歌	单家元	谭亚新	汤再江
王　勃	王　浩	王　娜	王　伟	王杏林
徐丙立	徐豪华	徐享忠	杨　娟	杨瑞平
杨学会	于永涛	张　伟	张立民	张小超
赵　倩				

总 序

为了满足仿真工程学科建设与人才培养的需求,郭齐胜教授策划在国防工业出版社出版了国内第一套成体系的系统仿真丛书——"系统建模与仿真及其军事应用系列丛书"。该丛书在全国得到了广泛的应用,取得了显著的社会效益,对推动系统建模与仿真技术的发展发挥了重要作用。

系统建模与仿真技术在与系统科学、控制科学、计算机科学、管理科学等学科的交叉、综合中孕育和发展而成为仿真科学与技术学科。针对仿真科学与技术学科知识更新快的特点,郭齐胜教授组织多家高校和科研院所的专家对"系统建模与仿真及其军事应用系列丛书"进行扩充和修订,形成了"仿真科学与技术及其军事应用丛书"。该丛书共 19 本,分为"理论基础—应用基础—应用技术—应用"4 个层次,系统、全面地介绍了仿真科学与技术的理论、方法和应用,体系科学完整,内容新颖系统,军事特色鲜明,必将对仿真科学与技术学科的建设与发展起到积极的推动作用。

中国工程院院士

中国系统仿真学会理事长

李伯虎

2011 年 10 月

序 言

    系统建模与仿真已成为人类认识和改造客观世界的重要方法,在关系国家实力和安全的关键领域,尤其在作战试验、模拟训练和装备论证等军事领域发挥着日益重要的作用。为了培养军队建设急需的仿真专业人才,装甲兵工程学院从1984年开始进行理论研究和实践探索,于1995年创办了国内第一个仿真工程本科专业。结合仿真工程专业创建实践,我们在国防工业出版社策划出版了"系统建模与仿真及其军事应用系列丛书"。该丛书由"基础—应用基础—应用"三个层次构成了一个完整的体系,是国内第一套成体系的系统仿真丛书,首次系统阐述了建模与仿真及其军事应用的理论、方法和技术,形成了由"仿真建模基本理论—仿真系统构建方法—仿真应用关键技术"构成的仿真专业理论体系,为仿真专业开设奠定了重要的理论基础,得到了广泛的应用,产生了良好的社会影响,丛书于2009年获国家级教学成果一等奖。

    仿真科学与技术学科是以建模与仿真理论为基础,以计算机系统、物理效应设备及仿真器为工具,根据研究目标建立并运行模型,对研究对象进行认识与改造的一门综合性、交叉性学科,并在各学科各行业的实际应用中不断成长,得到了长足发展。经过5年多的酝酿和论证,中国系统仿真学会2009年建议在我国高等教育学科目录中设置"仿真科学与技术"一级学科;教育部公布的2010年高考招生专业中,仿真科学与技术专业成为23个首次设立的新专业之一。

    最近几年,仿真技术出现了与相关技术加速融合的趋势,并行仿真、网格仿真及云仿真等先进分布仿真成为研究热点;军事模型服务与管理、指挥控制系统仿真、作战仿真试验、装备作战仿真、非对称作战仿真以及作战仿真可信性等重要议题越来越受到关注。而"系统建模与仿真及其军事应用系列丛书"中出版最早的距今已有8年多时间,出版最近的距今也有5年时间,部分内容需要更新。因此,为满足仿真科学与技术学科建设和人才培养的需求,适应仿真科学与技术快速发展的形势,反映仿真科学与技术的最新研究进展,我们组织国内8家高校和科研院所的专家,按照"继承和发扬原有特色和优点,转化和集成科研学术成果,规范和统一编写体例"的原则,采用"理论基础—应用基础—应用技术—应用"的编写体系,保留了原"系列丛书"中除《装备效能评估概论》外的其余 9 本,对内容进行全面修订并修改了 5 本书的书名,另增加了 10 本新书,形成"仿真科学与技术及其军事应用丛书",该丛书体系结构如下图所示(图中粗体表示新增加的图书,括号中为修改前原丛书中的书名):

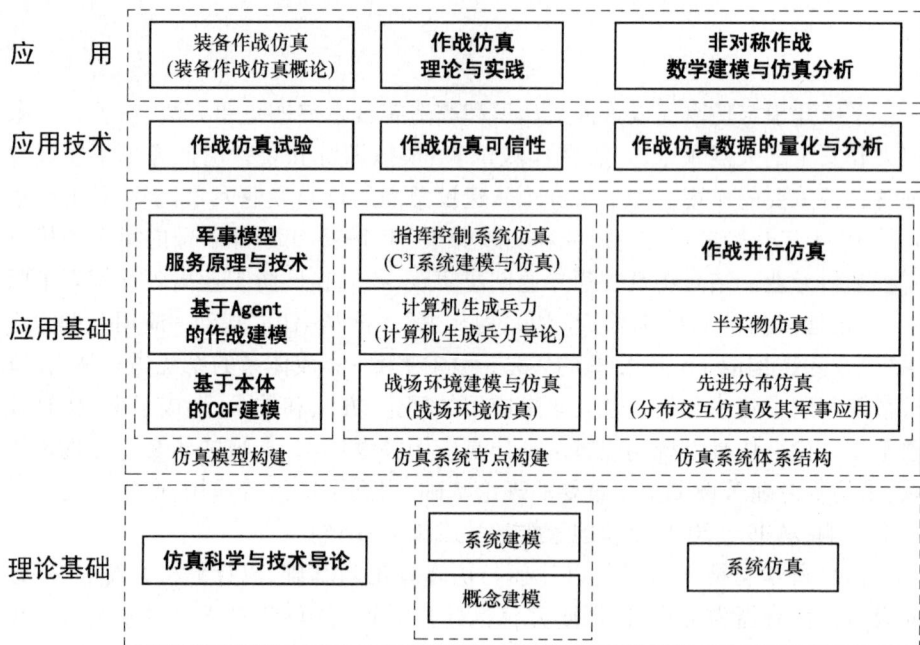

应　用	装备作战仿真 (装备作战仿真概论)	**作战仿真 理论与实践**	**非对称作战 数学建模与仿真分析**
应用技术	**作战仿真试验**	**作战仿真可信性**	**作战仿真数据的量化与分析**
应用基础	**军事模型 服务原理与技术** **基于Agent 的作战建模** **基于本体 的CGF建模**	指挥控制系统仿真 (C³I系统建模与仿真) 计算机生成兵力 (计算机生成兵力导论) 战场环境建模与仿真 (战场环境仿真)	**作战并行仿真** 半实物仿真 先进分布仿真 (分布交互仿真及其军事应用)
	仿真模型构建	仿真系统节点构建	仿真系统体系结构
理论基础	**仿真科学与技术导论**	系统建模 概念建模	系统仿真

　　中国工程院院士、中国系统仿真学会理事长李伯虎教授在百忙之中为本丛书作序。丛书的出版还得到了中国系统仿真学会副秘书长、中国自动化学会系统仿真专业委员会副主任委员、《计算机仿真》杂志社社长兼主编吴连伟教授,空军指挥学院作战模拟中心毕长剑教授,装甲兵工程学院训练部副部长王树礼教授、装备指挥与管理系副主任王洪炜副教授和国防工业出版社相关领导的关心、支持和帮助,在此一并表示衷心的感谢!

　　仿真科学与技术涉及多学科知识,而且发展非常迅速,加之作者理论基础与专业知识有限,丛书中疏漏之处在所难免,敬请广大读者批评指正。

郭齐胜

2012 年 3 月

总 序

　　仿真技术具有安全性、经济性和可重复性等特点,已成为继理论研究、科学实验之后第三种科学研究的有力手段。仿真科学是在现代科学技术发展的基础上形成的交叉科学。目前,国内出版的仿真技术方面的著作较多,但系统的仿真科学与技术丛书还很少。郭齐胜教授主编的"系统建模与仿真及其军事应用系列丛书"在这方面作了有益的尝试。

　　该丛书分为基础、应用基础和应用三个层次,由《概念建模》、《系统建模》、《半实物仿真》、《系统仿真》、《战场环境仿真》、《C^3I 系统建模与仿真》、《计算机生成兵力导论》、《分布交互仿真及其军事应用》、《装备效能评估概论》、《装备作战仿真概论》10 本组成,系统、全面地介绍了系统建模与仿真的理论、方法和应用,既有作者多年来的教学和科研成果,又反映了仿真科学与技术的前沿动态,体系完整,内容丰富,综合性强,注重实际应用。该丛书出版前已在装甲兵工程学院等高校的本科生和研究生中应用过多轮,适合作为仿真科学与技术方面的教材,也可作为广大科技和工程技术人员的参考书。

　　相信该丛书的出版会对仿真科学与技术学科的发展起到积极的推动作用。

中国工程院院士

2005 年 3 月 27 日

序 言

仿真科学与技术具有广阔的应用前景,正在向一级学科方向发展。仿真科技人才的需求也在日益增大。目前很多高校招收仿真方向的硕士和博士研究生,军队院校中还设立了仿真工程本科专业。仿真学科的发展和仿真专业人才的培养都在呼唤成体系的仿真技术丛书的出版。目前,仿真方面的图书较多,但成体系的丛书极少。因此,我们编写了"系统建模与仿真及其军事应用系列丛书",旨在满足有关专业本科生和研究生的教学需要,同时也可供仿真科学与技术工作者和有关工程技术人员参考。

本丛书是作者在装甲兵工程学院及北京理工大学多年教学和科研的基础上,系统总结而写成的,绝大部分初稿已在装甲兵工程学院和北京理工大学相关专业本科生和研究生中试用过。作者注重丛书的系统性,在保持每本书相对独立的前提下,尽可能地减少不同书中内容的重复。

本丛书部分得到了总装备部"1153"人才工程和军队"2110 工程"重点建设学科专业领域经费的资助。中国工程院院士、中国系统仿真学会副理事长、《系统仿真学报》编委会副主任、总装备部仿真技术专业组特邀专家、哈尔滨工业大学王子才教授在百忙之中为本丛书作序。丛书的编写和出版得到了中国系统仿真学会副秘书长、中国自动化学会系统仿真专业委员会副主任委员、《计算机仿真》杂志社社长兼主编吴连伟教授,以及装甲兵工程学院训练部副部长王树礼教授、学科学位处处长谢刚副教授、招生培养处处长钟孟春副教授、装备指挥与管理系主任王凯教授、政委范九廷大校和国防工业出版社的关心、支持和帮助。作者借鉴或直接引用了有关专家的论文和著作。在此一并表示衷心的感谢!

由于水平和时间所限,不妥之处在所难免,欢迎批评指正。

郭齐胜

2005 年 10 月

前 言

本体是从哲学领域引入到计算机的。近 10 年来,本体与语义网技术的理论基础已经相对完善,其在数据库、人工智能、互联网等领域的应用也得到了充分的发展。本书即是将本体技术应用到军事仿真领域——计算机生产兵力(CGF)的行为建模中,通过分析 CGF 的思维状态,建立其本体模型,为智能化的 CGF 推理提供新的途径。

全书章节作如下安排。第 1 章为绪论,介绍了基于本体的 CGF 建模的背景、现状及目的意义。第 2 章对本体及相关技术进行了介绍,包括本体定义、分类、形式化方法,本体语言,本体推理的基础——描述逻辑及其扩展等。第 3 章军事领域本体建模方法,介绍了本体建模的一般方法,分析了基于面向对象的本体表示方法,对军事领域的知识和军事领域核心本体的构建等进行了论述。第 4 章 CGF 中的时空本体和事件本体建模,分析了当前时空本体建模的研究现状和 CGF 中时间和空间关系特点,建立了事件本体模型,为作战实体的个体和组织的行为、态势感知和作战计划本体建模提供依据。第 5 章 CGF 中的战场环境本体建模,从 CGF 智能推理的角度给出了战场环境定义,并对战场环境进行形式化描述。建立了包括自然环境、物理对象、态势感知和作战计划为核心的战场环境本体元模型,论述了其中的概念、关系等。第 6 章自然环境本体建模,分析了基于本体的 GIS 建模与战场自然环境建模之间的相同和不同之处,给出了战场环境的形式化描述,提出了基于本体的战场自然环境模型,定义了其语义抽象过程,提出了建立和应用战场自然环境本体的原型系统。第 7 章基于本体的作战实体角色建模,定义了虚拟战场环境中 Agent 的个体模型和组织模型,建立了基于本体的 Agent 角色模型,对本体中的概念、关系和公理体系进行了研究论证。分析了军事组织和角色的演化问题,提出了基于事件本体的角色演化模型,建立了基于消息机制的组织内部信息传输和组织的动态演化模型。第 8 章介绍了作战实体态势感知和作战计划本体建模,分析了态势感知本体中存在的问题,给出了基于事件的态势感知本体的形式化描述,提出了基于事件本体的态势感知模型和作战计划模型,分析了其中的概念、关系和公理等。第 9 章海空作战仿真中的 CGF 本体建模,以作战飞机编队突击水面舰艇编队为想定,分析了其中的战场自然环境本体的物理对象及其之间的关系,建立了战场角色本体模型、水面舰艇态势感知本体模型和作战飞机的作战计划模型,对上述模型进行了形式化描述,定义了其中的类、属性、关系和公理体系,并利用 Protégé 本体建模工具实现了网络本体语言形式化本体。

本书的编写得到了海军航空工程学院和海军大连舰艇学院的领导、专家和同志的指导和帮助,作者参阅了相关领域大量研究文献和著作,吸收了同行们的辛勤劳动成果,这里一并表示感谢。

由于本体技术是一项新兴技术,且将其用于 CGF 行为建模中的研究较少,加之作者的理论基础和专业知识有限,书中疏漏、不妥之处在所难免,敬请读者批评指正,将不胜感激。

作 者
2013 年元旦于大连

目 录

第1章

绪　论

本章对计算机生成兵力(Computer Generated Forces,CGF)及行为建模技术等基础理论做一简单介绍。分析 Agent 技术、本体技术与 CGF 中的行为建模之间的关系、研究现状、阐述基于本体的 CGF 行为建模的逻辑基础和研究基于本体的 CGF 建模的目的和意义等。

1.1　计算机生成兵力简介

时至今日,人工智能(Artificial Intelligence,AI)技术已经走过 40 多个年头,各行业领域的学者、专家和研究人员对其理论研究和工程技术应用也在不断地发展和完善之中。利用计算机对人类思维和行为方式进行模拟是 AI 技术实现的最普遍手段,已成为各行业领域 AI 技术研究和实现的重点。在军事领域,采用计算机建模和仿真(Modeling and Simulation,M&S)方法,建立与真实战场环境和态势相关的各种军事系统模型、武器装备模型和作战模型等,并利用计算机软硬件进行实现,替代各层次实装参与的军事训练、作战演练和演习,是提高军队战斗力、降低武器装备使用费效比常用的方法。AI 技术在这一领域有着广泛的应用。将 AI 技术与军事领域 M&S 相结合,可以通过对人的思维、行为进行建模,利用计算机生成"拟人化"的军事集团、武器系统、平台或虚拟士兵等作战单元,模拟人在战场环境中的感知、认知、推理、决策等行为,此项技术即是 CGF。

一航而言,CGF 是指在作战仿真系统中,利用计算机实现对作战中关键要素的建模,形成对各方军事力量、武器装备,以及与作战相关的过程、态势、环境等方面的表示和推演。其主要目的是为参战、参训人员提供一个逼真的虚拟作战环境,可以通过反复推演、不断完善的方法从战场之外、作战之前即达到提高作战效率、减少兵力、装备和资源消耗的目的。

1. CGF 的特点

CGF 中仿真的作战兵力是真实战场环境和真实作战指挥中的各种作战兵力、各级指挥控制和综合战场态势在计算系统中的反应和映射,应当符合人类在真实战场中的活动规律,主要有以下特点:

（1）社会组织性。CGF 的作战单元及其组成的团队是对作战个体、集团和军事活动的模拟,与现实中的编成部队相对应,具有相应的组织结构和组织特征,其行为具有符合组织原则和整体目标的协调与合作特征。

（2）逼真性。CGF 模型应表现出与系统关注的相应真实实体相一致的特性,从而实现仿真系统逼真度的需求。这里所指的特性既包括 CGF 实体的物理特性,也包括 CGF 的行为和组织特征。

（3）行为的智能性和自主性。CGF 涉及指挥、控制和通信等行为过程,这些行为必然具有拟人的智能性特征。CGF 在仿真系统中的作用就是在一定程度上代替人的作用,因而需要具有一定程度的自主行为能力。

（4）行为的对抗性。CGF 具有组织内的协作行为,同时敌我双方的行为又具有对抗性。这种对抗性贯穿于仿真系统中作战双方的整个军事行动过程。

（5）多学科综合性。不同类型的 CGF 模型需要不同学科知识的支持,既包括数学、逻辑学、信息科学等自然和工程科学的内容,也包括军事学、组织学、管理学、心理学等社会和管理科学的内容。

2. CGF 主要研究内容

经过几十年的不断发展、完善,CGF 主要研究以下内容:

（1）CGF 系统体系结构。主要研究 CGF 系统的总体框架、结构层次,以及系统实现采用的技术手段,是从整体和顶层定义 CGF 系统的结构、仿真粒度、模型分辨率等。体系结构决定并制约环境模型、作战实体行为模型、操作员接口的设计和实现。

（2）CGF 系统中的自然环境模型。包括与作战相关的各种自然环境的模型,是对可能进行军事活动的整个空间领域,包括陆地、海洋、大气、太空在内的数据表示和仿真。自然环境模型包括没有人工干扰或参与的"纯自然环境",如地形地貌、海洋大气;还包括各种可能影响作战的人工环境、建筑设施等,如地面的桥梁、建筑;以及由于人类活动作用而产生的对自然环境的扰动和干扰,如各种电磁干扰和噪声等。环境模型一般以一定数据格式存储在环境数据服器中或通过环境模型的物理计算,为作战仿真提供所需的数据。

(3) 操作员接口。操作员接口是 CGF 系统与用户或操作人员提供的人机交互接口,一般有命令行和图形化界面两种形式。其中以图形化界面最为常用并且易于使用。通过图形化界面(GUI),用户可以方便地进行兵力部署、任务指派、计划编写,控制 CGF 仿真的运行状态、获得仿真运行结果。当前,国内外基于各种操作系统和仿真平台的 CGF 系统都提供了基于 GUI 形式的操作员接口。

(4) 支撑环境。为 CGF 系统提供了最底层的支持,应当在 CGF 系统构建之初即确定。支撑环境对系统的建模、运行、结果处理和 CGF 系统内部的通信机制都应给出明确的定义、规范和要求。目前,最普遍应用的是基于高层体系结构(High Level Architecture,HLA)的分布式仿真支撑环境。

(5) 实体行为模型。实体行为模型包括物理行为模型和认知行为模型。物理行为模型提供作战实体物理行为的数学表示。物理行为是作战实体直接作用于环境,并且改变环境状态的行为,是作战角色为实现其特定目标而作用于作战实体外部环境的手段。典型的物理行为如实体运动、雷达探测、武器火力打击等。认知行为模型则描述作战实体思维或心智状态的活动。认知行为建模是指虚拟战场中的作战实体对外界环境的认知、感知和决策能力的建模。认知行为是对作战实体指挥控制行为和能力的表示,如态势评估、制定计划等。认知行为的信息来源一般是物理行为所获得的信息,通过推理、决策等过程的信息处理,利用物理行为输出其结果,产生相应的作战效果。认知行为建模一直是 CGF 研究中的重点和难点,也是本书的主要研究内容。

3. CGF 层次

在作战仿真系统中,不同类型的 CGF 实体描述的对象类型和行为特征有一定的区别。根据 CGF 行为自动化程度和描述对象的不同,可以将 CGF 分为以下 3 个层次:

(1) 半自动兵力。只有部分智能性较低的行为和决策实现了自动化,在仿真过程中,高级的智能行为需要由人或其他 CGF 实体进行指挥或者控制。半自动兵力具有 CGF 实体必备的基本自主行为能力。这些行为是和具体的物理能力紧密相关的反应式行为,受实体的物理能力、特性以及战术原则的约束程度较高,受人的主观心理因素影响较小,具有较强的规律性。半自动兵力不具备高级的认知行为,如面向目标的规划、群体的协作等。

(2) 智能兵力。自身作战行为的控制和决策完全实现了自动化。智能兵力除了具有半自动兵力的低级反应式行为外,还具有高级的认知行为,能够独立地根据自身的任务进行规划,并且能够与任务相关的实体进行协作,可以独立地在仿真中运行,自主地进行决策和自身行为的控制。但在战场上属于级别最低的实体,因而不存在对其他实体的指挥控制行为。

(3) 指挥兵力。指挥兵力模拟战场中的指挥实体。除了需要描述指挥实体的物理特性外,指挥兵力最重要的功能是模拟指挥实体的指挥、控制、通信等行为能力。这些行为涉及对下属多个实体或单位的任务分配、行为控制和协调,以及与友邻单位之间的协调和上下级之间的通信等高级智能行为。

以上3种CGF中,半自动兵力智能程度最低,只具备对自身低级行为的控制;智能兵力能够完全自主地对自身的行为进行控制;指挥兵力既要自主地控制自身的行为,还要对下属的兵力进行指挥和控制,因而复杂程度最高。

本书将重点对智能兵力的认知行为建模进行论述,同时涉及指挥兵力建模。以下在没有歧义的情况下将CGF实体的认知行为建模简称为行为建模。

1.2   CGF中的行为建模

CGF的应用中要求CGF实体对象所表现的作战人员或武器系统的行为尽可能真实,使其他参与者无法区分人和CGF。因此,如何有效地对CGF实体对象及其行为进行建模,是CGF研究的重要内容。CGF行为建模发展的标志性事件之一是1995年美国国防部建模与仿真办公室发布的《建模与仿真主计划》(Modeling and Simulation(M&S) Master Plan)。该计划提出了六大目标:

(1) 为建模与仿真提供共同的技术框架。

(2) 提供及时的、权威的自然环境描述。

(3) 建立系统的权威描述。此处系统包括美国、盟国以及敌方的主要平台、武器、传感器、作战单位、生命支持系统、C^4I系统和后勤支援系统等。

(4) 建立对人的行为的权威描述。

(5) 提供建模与仿真的基础设施,以满足开发者和最终用户的需要。

(6) 推广建模与仿真,共享建模与仿真效益。

第4条"建立对人的行为的权威描述",包括:人的能力和局限,个体和团体的能力,组织形式和对环境作用的效果,命令、控制和通信以及原则和策略,具体为:

(1) 建立个人行为的权威描述:

① 扩展现有的作战模型以包括个体作战人员;

② 开发通用的个人能力、局限、性能(生理上的和心理上的)模型;

③ 提高为指定应用快速建立个人行为模型的能力。

（2）建立团体和组织行为的权威描述：

① 扩展现有的作战模型,在所有层次和功能区覆盖友方、威胁方和中立方兵力；

② 开发团队和组织行为的通用表示方法或建立潜在对手和非军事人员（如暴乱和恐怖分子、贩毒团伙等）的各种模型,以及建立需要详细描述非战争行动的社会、政治或经济行为；

③ 提高快速建立团队和组织行为模型的能力。

以此为基础,国内外相关领域专家,包括人工智能专家、军事作战指挥人员、计算机领域专家等对此作了大量研究,其中以美国著名 CGF 研究专家 Mikel D. Petty 总结的 CGF 中的行为建模最为著名,给出了 CGF 行为建模技术的 15 个关键研究方向,如实体的动作规划,知识库的表示方法,态势警告和推理等。

研究人员针对这些问题,提出了多种技术手段解决,包括数值计算方法、逻辑推理方法及二者相结合方法来实现,重点解决 CGF 实体的感知、认知、推理、决策等问题。目前,已有多种成熟的推理实现方法,包括传统的人工智能方法、基于规则的推理、基于案例的推理等。

（1）基于传统人工智能技术的方法。早期 CGF 行为建模采用传统人工智能技术,比如命题逻辑、谓词逻辑、规则、框架等方法。这类方法将 CGF 近似为一个专家系统,因此可以通过获取知识、表示知识的过程构建 CGF 系统。

（2）基于有限状态机的方法。有限状态机的工作原理为:给定一组状态集 S 和输入集 X 的前提下一旦输入 $x(t)$ 和状态 $s(t)$ 确定,在映射 λ 和 μ 的作用下则可确定有限状态机的下一状态 $x(t+1)$ 和输出 $y(t)$。

在 CGF 行为建模中,有限状态机用于描述 CGF 行为的状态变化,通过不同的态势输入,经过有限步的状态转移计算,获得其输出。

（3）基于人工神经网络的方法。人工神经网络模拟人脑的工作机制,首先根据问题的需要确定网络的结构和神经元的响应函数,然后采用一定的数学规则,利用输入样本后的输出值来调整网络的连接权值。CGF 中的仿真实体可以通过人工神经网络获得行为的优化策略,其优点是仿真实体能够根据对手策略的变化而自适应调整行为,即具备学习性。

（4）基于遗传算法的方法。运用遗传算法可以构造 CGF 行为学习模型,通过无导师的强化学习过程得到 CGF 的控制规则集,实现 CGF 的路径跟踪能力。

CGF 行为规则库相当于遗传算法中的种群,每条规则就相当于遗传算法的一个个体,每条规则对应一个表示它有用程度的数值,相当于遗传算法中个体的适应值。学习模型根据反馈,运用个体适应度评价函数对种群中个体的适应值进行更新。

(5) 基于贝叶斯网络的方法。贝叶斯网络是一种概率框架,理论基础是贝叶斯定理,提供了利用不确定信息进行一致的证据推理的方法,是用于不确定性推理的图形化表示形式。基于贝叶斯网络的 CGF 建模,主要在于战场中存在大量的不确定因素,其中的节点代表战场中相关知识的状态变量,节点间的连接代表变量间的因果关系(概率值),整个网络的拓扑关系代表军事领域的定性知识。这样,利用贝叶斯网络的拓扑结构和网络的初始值等就构成了作战环境中的模型。

(6) 基于模糊逻辑的方法。模糊推理是基于各种模糊逻辑的推理,采用模糊推理的方法实现行为建模,主要包括 3 个部分:模糊化知识库,包含一组模糊规则;数据库,定义了模糊规则中用到的隶属函数;推理机制,按照规则和所给的事实执行推理过程。模糊逻辑同样用于 CGF 实体处理不确定,主要是模糊信息。即,对战场环境中存在的大量定义或描述模糊的信息,通过模糊的方法转化为可以定量和定性处理的信息,以加强 CGF 实体的推理能力。

(7) 基于案例推理的方法。基于案例的方法采取通过联想(或类比),将解决过去问题的经验用于解决当前类似的问题。利用该方法,CGF 系统首先建立一个数据库,该数据库包含以前(经验和预置)的各种任务规划方案的案例,当搜索到数据库中的某一案例和当前需要规划的案例属性相似时,可以修改这一相似的案例来产生一个新的案例用于解决当前问题。

(8) 基于语境推理的方法。在语境推理中,语境可以看作案例知识的表述,是实体行为、对象、角色、环境和逻辑知识的综合体,可以将其抽象为态势信息的蕴含体。在仿真过程中,CGF 智能兵力的生命周期可以看作是一个动态的连续的语境不断转换的过程,CGF 实体在一定时刻仅受约束于某一语境。语境随环境改变,并不断转换,在特定的语境下,只能发生受其约束的有限事件,并限制 CGF 实体的行为。

(9) 基于 Agent 的方法。Agent 从模拟人的行为出发,对一个实体(如人)的信念、承诺、意图、愿望等精神状态进行了描述,是分析人的行为的有效工具。Agent 的弱概念认为其具有良好的自主性、社会能力、反应性等特征,可以满足系统对自寻优性和自适应性的需求,对 CGF 认知和决策能力建模,可实现指挥谋略和决策等智能行为的仿真。

1.3 基于 Agent 的 CGF 行为模型

由于具有良好的自治性、自主性、反应性和社会性等特点,Agent 技术已成为人工智能领域描述行为模型的通用技术框架。由于军事行动过程的复杂性,无法给出其明确的方程,难以通过高度形式化的方法建立确定的数学模型。在 CGF 中引入人的行为表示已成为必然。CGF 系统的自寻优性、自适应性、自学习以及对结果的自解释的要求,与 AI 领域中的 Agent 特性类似。通过 Agent 方法能够用来解决传统的人工智能所不能解决的环境适应性、信息不完全性等问题,可以建立 CGF 系统的整体框架,建立行为的全过程模型。

基于 Agent 的建模是一种由底向上的建模方法,把 Agent 作为系统的基本抽象单位。在一般情况下,建立 Agent 的系统模型可从以下 3 个层次来描述:Agent层、个体 Agent 层和多 Agent 系统(Multi – Agent System, MAS)层。作为基于 Agent 的行为建模来说,主要工作集中在个体 Agent 层,即确定 Agent 的结构,建立 Agent 的行为模型。目前,已经提出的个体 Agent 结构有 3 种:

(1) 反应 Agent 模型。Agent 决策制定过程是通过环境与行为的直接映射来实现的,如一般的控制器。反应 Agent 可以看做是控制论在 Agent 决策中的应用。

(2) 社会 Agent 模型。Agent 能识别和在一定程度上理解其他 Agent,并能建立和保持与其他 Agent 的联系,以求获得更强的解决问题的能力。社会 Agent 重点在于面向 Agent 之间的合作、协调求解能力的设计。

(3) 慎思 Agent 模型。该模型将 Agent 的思维状态划分为 3 个主要部分:Belief—Desire—Intension,即信念——愿望——意图。通过刻画 Agent 对世界的认知(信念)并与自身的愿景(愿望)相对应,通过规划等动作以达到实现其目标(意图)的目的。

BDI Agent 思维状态为 Agent 和基于 Agent 的 CGF 建模提供了新的方法和途径。前文提到的基于 Agent 的 CGF 建模方法即是指基于 BDI Agent 的方法。本书阐述的本体与 CGF 即是以该模型为基础展开的。

1.3.1 BDI Agent 简介

心理学认为,人类的思维状态属性有以下几个方面:

(1) 认知,如信念意识等;

(2) 情感,如目标、愿望和偏好等;

(3) 意动,如意图、承诺和规划等。

相应地,当前的 Agent 模型研究侧重于形式描述信念(Belief)、愿望(Desire)和意图(Intention),简称 BDI。在该模型中,Agent 决策的制定过程是依赖于表达 Agent 的信念、愿望和意图的行为操作来实现的,因而更接近人类的思维方式。

BDI 描述 Agent 的思维状态和行动规划,对 BDI 的解释如下:

(1) 信念,描述了 Agent 对当前世界状况的认识,以及对要达到的效果可能采取的行为路线的估计。

(2) 愿望,描述了 Agent 对未来世界状况以及可能采取的行为路线的喜好。行动的目标包括在愿望中,是 Agent 选择的愿望的子集。

(3) 一旦 Agent 对选择的目标做出承诺,则形成意图。

信念是 Agent 认知的基础,Agent 智能水平由其信念所具有知识系统的结构和知识的完备程度所决定。通过知识系统,Agent 可以根据获得的外界信息建立对外部世界的信念,并根据其目标和计划形成愿望和意图,以达到对外界智能反应的目的。信念是认知,愿望描述感情,意图则是思维中的意向。这样 Agent 就可以根据其愿望和意图进行推理决策。

BDI Agent 模型中,Agent 决策过程依赖于表达 Agent 信念、愿望和意图的行为来实现。基于过程推理是 BDI Agent 实现的一种途径。基于过程推理系统(Process Reasoning System, PRS)机制的 BDI Agent 是由 Georeff 和 Lansky 在 Stanford 研究所开发的,是第一个显式地嵌入 BDI 模式,并已成功运用的 Agent 系统。图 1-1 是一个典型的基于过程推理系统的 BDI Agent 结构。信念表示 Agent 对外界(包括环境和其他 Agent)的认识和判断;愿望表示 Agent 希望达到的目标的可能路径;意图表示 Agent 为实现承诺而将要采取的行为的计划;规划是 Agent 的思维状态的体现,是判断、思考和决策的过程;解释器负责协调、调度四者之间的关系。

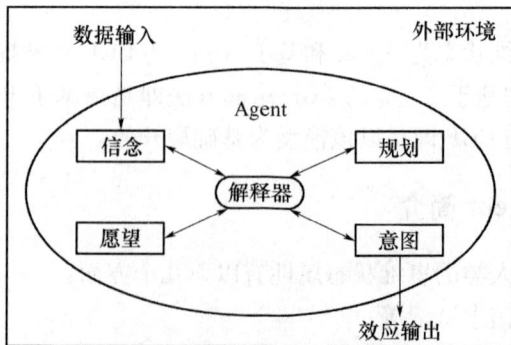

图 1-1　过程推理系统

1.3.2　基于 BDI Agent 的 CGF 建模

Agent 的应用集中在商业和军事领域。商业领域 Agent 重点在于 Agent 间（多 Agent 系统内部）的协调与合作求解，加快推理计算速度或直接参与到人的日常生活的事物管理，如航空管制、智能商务助理等。

与商业应用不同，军事仿真领域的 Agent 是完全的拟人化的"行为 Agent"，即从思维、行为等状态模拟人在战场中的各种内部状态和外在动作。军队是组织程度最严密的社会群体，它强调命令、纪律和权威的重要性，同时各级组织的结构和协调交互方式是相对固定的。CGF 系统的协调、协商问题没有其他社会系统复杂。所以，CGF Agent 注重以下特性：

（1）自主（治）性。Agent 能自行控制其状态和行为，能在没有人或其他程序介入时操作和运行。这是 Agent 应具备的最主要的特性。如对计算机生成的作战飞机的飞行作战等行为。为了训练飞行员或进行空战研究，需要提供虚拟战场环境中各种规模的空中作战行为，生成大量的 CGF。显然提高实体的自治性而减少操作人员的干预，或者完全不需要操作人员的干预即实现完全的行为自治是 CGF Agent 应当具有的特性。

（2）感知能力和响应能力。Agent 能及时地感知虚拟战场中与自己相关的态势的变化并对这一变化做出响应。

（3）推理和规划能力。Agent 具有基于当前知识和经验以一种理性方式进行推理和预测的能力。Agent 感知战场态势，然后通过推理机制做出决策并通过执行机构去执行。

（4）合作及协商能力。Agent 应能在多 Agent 环境中协同工作和消解冲突以执行和完成一些互相受益且自身无法独立求解的复杂任务。

（5）适应性或进化性。Agent 应能积累或学习经验和知识并修改自己的行为以适应新形势。

（6）约束性。CGF 实体存在于虚拟的战场环境中，因此 Agent 的行为满足实际战场中的作战原则和规律。

从面向行为的角度基于 BDI 结构的 CGF Agent 的内部结构模型可由图 1-2 所示模型进行描述。

从图 1-2 中可以看出，CGF Agent 的内部结构是由内在状态和内在行为组成。内在状态包括信念、愿望、意图以及支持状态更新和行为发生的知识；内在行为包括感知行为、决策行为、学习行为和推理行为等。CGF Agent 的内在状态包括以下内容：

（1）知识库。存储实现问题求解所必需的各种知识,如本方的作战条令、作战原则等。知识库的质量和完备程度决定着 CGF Agent 的智能程度。

（2）信念库。存储的是 CGF Agent 对外部虚拟战场环境以及其他 CGF Agent的认识和判断信息。主要包括:对战场环境各项属性的信念;对敌方态势属性的信念;对友邻状态属性的信念;对战场特定目标的信念。

（3）意图库。存储 CGF Agent 为实现期望目标而承诺执行的行为计划。由于感知是无时不刻地进行着,因而不断形成目标和实现该目标的意图。

（4）愿望库。存储着 CGF Agent 达到期望目标的可能路径集。这些可能路径集是 Agent 根据信念库中的当前信念值,运用知识库中的相关规则推理产生的。

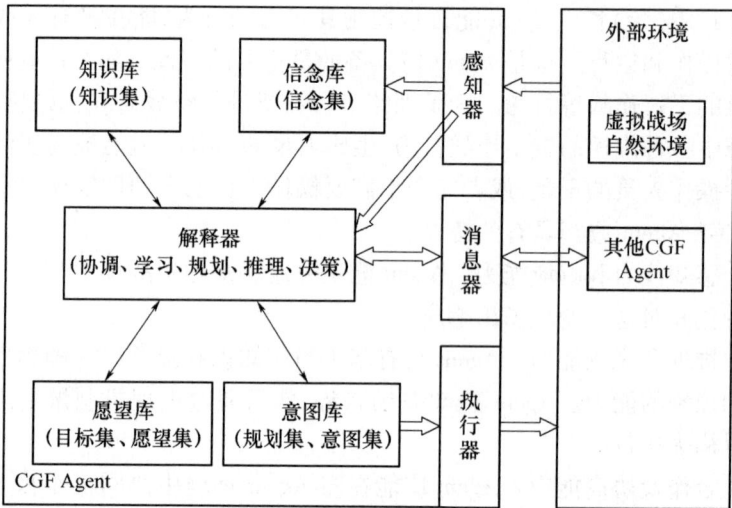

图 1-2 一种基于 BDI 结构的 CGF Agent 结构模型

除了上述 4 种状态外,CGF Agent 还包括感知、协调、规划、推理、决策、学习等内在行为:

（1）感知行为。通过感知器探测 CGF Agent 感兴趣的外部环境的相关信息,根据 Agent 自身的观察和判断能力形成信念,并更新信念库。

（2）协调行为。完成 CGF Agent 的分布式问题求解,并管理规划活动,当出现意外时调整规划或重启规划过程。

（3）规划行为。包括将高层目标如何分解为一系列元行为等知识,以及各种元行为的实现算法、调用条件等。

（4）推理行为。当信念库发生变化后,触发知识库中的情景——愿望匹配规则,找出应对当前态势的最新行动(任务)方案集,并存入愿望库中。

(5) 决策行为。根据 CGF Agent 的目标和当前的态势,按某种最优化准则选最优的行动方案作为意图存入意图库中,并通过承诺保证可实现的意图最终得到成功地执行,同时放弃因外界环境变化而不能继续执行的意图。

(6) 学习行为。CGF Agent 在执行任务过程中自主适应环境的活动。

在面向 CGF 建模的 BDI Agent 研究中,可以认为"世界"是实体所处的战场环境;"认知"是 Agent 对战场环境的感知、认识,建立对战场态势的理解过程;"愿望"则可具体表现为作战任务、作战计划;"意图"则是作战目标。这样将 BDI 转化为与作战相关的环境、动作、行为和活动,为基于 BDI Agent 的行为建模与仿真提供了理论基础。

1.3.3 基于 BDI Agent 建模的局限

模态逻辑是建立 BDI Agent 的基础,模态逻辑是对可能世界的解释。关于可能世界的解释如下:

人类生活于其中的世界的各种各样的事物情况的总和就构成了现实世界,现实世界是一个可能世界,这些可能世界记为 $w_1, w_2, w_3, \cdots$,把由所有这些可能世界所构成的集合记为 W。

在两个可能世界 w_1 与 w_2 之间可以有这样一种关系:在可能世界 w_1 中的认识者能够思考可能世界 w_2 中的事物情况。把 w_1 与 w_2 之中的这种关系称为可通关系,记为 R。任何两个可能世界之间可以有 R 关系,也可以没有 R 关系。在任一可能世界中,总是或者有或者没有某一事物情况,因而某一命题(判断)对于某一可能世界总或者是真的,或者是假的。

在不同的两个可能世界 w_1 与 w_2 中,至少有一个事物情况是不同的,即 w_1 中至少有一事物情况是 w_2 中所没有的,或者在 w_1 中至少有一事物情况是 w_2 中所没有的。因此,一个合式公式 A(合语法的一个公式,经解释后成为一个命题),就可以在一个可能世界中得真值(或假值),而在另一个可能世界中得假值(或真值)。

(1) 在一个可能世界 w_1 中必然通是真的,这就表示:在 w_1 的所有的可通的可能世界中 A 都是真的。

(2) 在一个可能世界 w_1 中可能 A 是真的,这就表示:在 w_1 的有的可通的可能世界中 A 是真的。

目前,BDI Agent 理论研究有以下两个主要方法:Cohen 和 Levesque 基于正规模态逻辑,Rao 和 Georgeff 的计算树逻辑。

（1）Cohen 和 Levesque 基于正规模态逻辑的可能世界模型对 BDI 进行描述。其工作基于线性时序逻辑，在语义上则以可能世界为基础。模态命题逻辑系统是在二值命题逻辑的基础上构筑起来的。在二值命题逻辑的基础上加进模态算子□（必然）和◇（可能）而构成。当确定了模型结构 M、事件序列 σ、整数 n 和变量指派 v 后，信念 BEL 和目标 GOAL 可以形式化定义如下：

① $M,\sigma,n,v \models (\text{BEL } x\ a)$，当且仅当对所有从 n 通过信念关系 B 可达的可能世界都有 a 为真。

② $M,\sigma,n,v \models (\text{GOAL } x\ a)$，当且仅当对所有从 n 通过目标关系 G 可达的可能世界都有 a 为真。

（2）Rao 和 Georgeff 对 BDI 的描述同样是基于正规模态逻辑的可能世界模型的，是对计算树逻辑的扩充，使用经典的可能世界语义模型。每个可能世界具有分支时间结构，是一个时间树，一个世界中的一个时间点表示一个情景。Agent 拥有一个线性的历史和分支型的未来，分支代表 Agent 在未来相应时刻的选择。与线性时间树结构相比，时间树中的分支能够表示 Agent 在相应时刻可能的选择。

称一个 Agent 在 t 时刻有一个目标 φ，记为 GOAL(φ)，当且仅当 t 时刻 φ 在 Agent 的所有目标可达世界中为真。称 Agent 在时刻 t 有一个信念 φ，记为 BEL (φ)，当且仅当 t 时刻 φ 在 Agent 的所有信念可达世界中为真。称 Agent 在一定时刻试图使一个公式为真，当且仅当这个公式在 Agent 当前时刻的所有意图可达世界中为真。对于模型结构 M、可能世界 w、时间点 t 和变量指派 v，信念 BEL、目标 GOAL、意图 INTEND 形式化定义如下：

① 信念：$M,v,w_t \models \text{BEL}(\varphi)$，当且仅当 $\forall w' \in B_t^w, M,v,w_t \models \varphi$。

② 目标：$M,v,w_t \models \text{GOAL}(\varphi)$，当且仅当 $\forall w' \in B_t^w, M,v,w_t \models \varphi$。

③ 意图：$M,v,w_t \models \text{INTEND}(\varphi)$，当且仅当 $\forall w' \in B_t^w, M,v,w_t \models \varphi$。

关于模态逻辑和分支时序逻辑详细理论，读者可参考相关文献。

以模态逻辑为基础的 Agent，模型能够很好描述 Agent 的心智状态，但是理论研究中还存在以下问题没有得以解决：

（1）逻辑全知，即为完成推理，Agent 需要指导所有逻辑上为真的命题，这样对于资源有限 Agent（实际上，所有 Agent 都是资源有限的）是不现实的。

（2）信念、愿望、意图的区分，及其之间的动态约束与激发关系。B、D、I 描述心智状态依赖于其可达关系，不能反映其区别；同时，无法建立 Agent 的动态 BDI 模型。

（3）可能世界过于抽象，无法在现实世界中找到与之对应的映射，对宏观时间（系统时间）和微观时间（Agent 思维时间）没有进行明确的区分与定义，处理顺序、并发等时间关联事件时无法解决其不确定性。

同时，在实际实现中，计算树逻辑的分支未来具有发散性，使 Agent 推理复杂程度急剧增加，难以在计算机系统中实现。

为提高 Agent 的可实现性，不断有新的方法被提出来，以解决 BDI Agent 中存在的上述问题。基于本体的 Agent 建模即是其中之一。

1.4 基于本体的 CGF 建模的现状和目的

1.4.1 基于本体的 Agent 建模研究现状

本体是用来描述某个领域甚至更广范围内的概念以及概念之间的关系，使得这些概念和关系在共享的范围内具有大家共同认可的、明确的、唯一的定义，这样，人机之间以及机器之间就可以进行交流与协作。目前，本体已经被广泛应用于语义 Web、知识工程、数据库设计和集成、信息检索与获取、软件工程、自然语言处理等领域。基于本体的 Agent 研究主要集中在个体 Agent 的思维状态和 MAS 中 Agent 通信协作中的知识共享和模型重用等方面。对此研究主要有以下内容：

（1）文献［19］提出了一种语义网框架（Ilium Framework），给出了层次化的网络本体语言（Web Ontology Language，OWL）本体，用于表示智能 Agent 的知识基（knowledge base），并利用面向 Agent 软件（Agent Oriented Software，AOS）组织的智能 Agent，开发了智能软件 Agent，以支持自治的无人机（Unmanned Aerial Vehicle，UAV）等系统的需求分析。

（2）也有研究机构开发了一些语言和工具以描述 Agent 中的知识。如，语言和认知工程的可描述本体（Descriptive Ontology for Linguisticand Cognitive Engineering，DOLCE）、地理标记语言（Geography Marku PLanguage，GML）和过程规范语言（Process Specification Language，PSL）等，将本体层作为 Agent 的知识基，并利用 OWL（Web Ontology Language）语言实现，通过导入其他基础本体实现语义的扩展和知识的完善。

（3）描述 Agent 的另一种形式是将 Agent 信念、愿望、意图以描述逻辑、规则的形式进行表示。如基于描述逻辑的，面向 BDI Agent 的编程语言 Agent Speak - DL。该语言利用本体作为信念库（Belief Base），可以进行查询和推理，并且 Agent 可以通过 OWL 语言共享知识本体。

（4）文献[110]则提出了一种基于动态描述逻辑的 BDI Agent 模型,从静态的表示知识与推理和动态的运行变化两个方面来刻画个体的心智,建立了Agent 心智状态模型,对 Agent 的信念表示与修改,行为能力,目标的表示、修改和生成进行了讨论,以反映 Agent 内部的知识表示与推理以及运作过程。

（5）文献[45]利用本体建立了理性 Agent 的信念库。其设计中利用本体公理刻画 Agent 的静态信念(static belief),利用类的实例描述 Agent 的动态信念(dynamic belief),而本体的公理作为动态信念的概要(schema),设计了采用行动规则和面向对象编程特点的多线程逻辑编程语言,用于 Agent 间的通信。

（6）文献[14]认为本体作为一种知识表示方法,对 Agent 通信内容进行规范化表示是一种可行的方式。文献[61]则利用 OWL 语言表示 MAS 中的知识基,建立多 Agent 的知识理解系统。以上研究从不同方面将本体技术用于 Agent 的建模和实现,本书的内容也产参考了上述研究。

1.4.2　基于本体的 CGF 建模的目的

Agent 最大的优势是其可以表示战场实体的思维和行为,甚至其愿望的趋向都可以得到体现,最大限度逼近现实作战过程中的作战实体,体现作战进程的交互和演化。基于本体的 CGF 行为建模的实质是将本体技术用于 Agent 认知、推理相关过程,并与军事领域知识和作战指挥相结合,建立满足作战仿真需求的 CGF 认知和推理模型,以提高 CGF 实体在作战仿真中自主认知和智能决策的能力。

本书中将本体技术用于 CGF 行为建模,主要解决以下问题:

（1）面向作战仿真领域的本体概念抽象和形式化。对军事领域的概念进行概念抽象和形式化描述,以达到计算机可处理的目的。虽然已经有相关研究建立军事领域本体的方法和途径,但是还缺少对战场环境本体建模的方法论和建模工具等的系统一致的研究。

（2）基于描述逻辑的 BDI Agent 建模。阐述基于本体的 BDI Agent 在 CGF 仿真领域的重构和基于本体的信念——愿望——意图的描述、表达和构建,以及如何将本体技术与 BDI Agent 已有的理论和模型、框架进行结合,使得基于本体的知识描述和知识表达能够融入到 BDI Agent 结构中,以支持 Agent 的认知、推理和决策。

（3）战场自然环境的语义描述。战场自然环境建模与仿真采用基于环境数据库的形式实现，如综合环境数据表示与交互规范（Synthetic Data Representation and Interchange Standard, SEDRIS）等的环境仿真。这些环境数据可以满足作战仿真中数据层次的环境建模需求，但是对 CGF 的认知和理解不能提供更深层的语义上的支持，所以需要在已有环境数据库基础上，建立环境数据的本体模型。

（4）实体的角色和组织模型。军队是严密的社会组织，其计划、行动、目标等受到组织结构、命令传递等多种因素影响。在组织中，执行作战行动的对象，表面上是具有一个或多个 Agent，而实际上是组织中具有行动能力且承担一定任务的角色 Agent。基于此，如何描述和刻画 Agent 的组织结构，以及 Agent 的角色问题是必须要考虑的主要问题之一。同时 Agent 对自身、个体、组织和角色的信念是 Agent 信念的重要组成部分。利用本体刻画组织和角色，可以为 Agent 的信念更新和完善提供支持。

（5）基于本体的 CGF 实体思维建模。CGF 实体通常是参与作战的最基本单元，如一架飞机可以看做是一个"实体"，飞机上的机载设备则是实体的一个"组件"，而多架飞机组成的编队在 CGF 中可以是"聚合体"。所以，CGF 实体是参与作战行动的某种或某类作战兵力在虚拟战场环境中的展现。CGF 实体建模重点是对具有相对独立能力，可以单独完成某项或某些作战任务的作战单元或作战实体的认知、推理、决策和执行过程进行建模。实体建模涉及态势感知、推理决策、作战计划等。

通过上述研究可以实现以下目的：

（1）将本体技术用于 CGF 建模与仿真，是作战仿真领域中的一个新的研究方向，通过对军事概念的抽象可为计算机提供可处理的语义模型和军事领域知识，以支持战场综合环境的形式化描述，为战场综合环境建模与仿真提供语义描述基础。

（2）基于本体的语义表达可以为作战实体提供其所处的环境状态和思维状态的知识表达，以支持作战实体的认知、推理和决策。同时也可为部分解决模态逻辑中可能世界状态的难以实现的问题提供新的解决手段和途径。

（3）现有的自然环境模型可以满足作战兵力在数据层对路径推理和规划的需求，但是对作战实体的认知和理解不能提供语义上的支持。采用本体技术可以为智能兵力建模提供清晰、一致、计算机易处理的语义描述，为作战实体理解环境，提高其智能水平提供支持。

1.5 小 结

CGF 行为建模的重点是对 CGF 实体的思维状态进行建模。本章主要分析了基于本体的 CGF 行为建模的需求、一般方法、理论基础和可实现性等问题。通过分析基于 BDI Agent 的 CGF 行为建模方法，提出将本体技术用于 CGF 行为建模中，并分析了基于本体的 CGF 行为建模的现状以及目的和意义。

基于本体的 CGF 行为建模的基础在于军事领域知识的获取，建模方法的确立和推理采用的逻辑基础以及本体的实现语言。下面首先对本体及相关技术的研究与应用进行介绍。

第 **2** 章

本体及相关技术综述

本体(Ontology)最初起源于哲学领域,用于表示世界的本源和存在的性质,其内涵是对世界上任何领域内的真实存在所做出的客观描述,不依赖任何特定的语言。近十多年来,本体研究已经远远超出哲学的范畴,深入到知识工程和信息科学等领域,如分布式信息系统领域、人工智能领域、软件领域、多 Agent 系统领域和计算机辅助设计领域。本章对关于本体的基础知识、理论,以及当前本体技术在军事领域的应用研究进行介绍,为后面的章节打下基础。

2.1　本体的定义与分类

本体从哲学引入计算机领域,用于表达人们对领域(知识)的共同理解。目前常用的本体的定义有以下几种:

(1)本体是概念化(conceptualization)的规范化说明。这一定义说明本体描述的对象是概念化。规范化是指采用形式化、计算机可处理的表达形式。

(2)本体是被共享的、概念化、形式化的规格说明。这一定义着重强调本体表达的是人们共同的理解。

(3)本体通过概念之间的关系来模拟论域中概念的含义。该定义强调概念和概念间的关系。

综上,本体包含4层含义:

(1)概念化。通过抽象客观世界中现象的相关概念而得到的模型。概念模型所表现的含义独立于具体的环境状态。

(2)明确。所使用的概念及使用这些概念的约束都有明确的定义。

（3）形式化。本体是计算机可读的，即能被计算机所处理。

（4）共享。本体中体现的是共同认可的知识，反映的是相关领域中公认的概念集，即针对的是团体而非个体的共识。

基于特定应用领域的规模或视点的抽象级别，通常本体可以分为以下类型：

（1）顶层本体。主要研究非常通用的概念，如空间、时间、事物、对象、事件、行为等，它们完全独立于特定的问题或领域。因此，可以说顶层本体可以在一个很大的范围内共享。

（2）领域本体。研究与一个特定领域相关的术语或词汇。

（3）任务本体。定义通用任务或推理活动，可以应用顶层本体中定义的词汇来描述自己的词汇。任务本体和领域本体处于同一个层次。

（4）应用本体。描述特定的应用，它既可以引用涉及特定的领域本体中的概念，又可以引用出现在任务本体中的概念。

根据本书所论述的主题和内容，这里重点对本体的形式化方法、本体推理的逻辑基础和本体实现语言做一简单介绍。

2.2　本体形式化

目前根据研究和应用的内容及方向不同，对本体的形式化有不同的定义。以下是几种比较典型的形式化定义。

1. Guarino 形式化

Guarino 对本体有如下定义：

（1）域空间 $<D, W>$ 结构，其中 D 是领域，W 是 D 中最大事物的状态（或可能世界）的集合。

（2）n 元概念关系 ρ^n，域空间 $<D, W>$ 上的 n 元概念关系是从集合 W 到域 D 中所有 n 元关系集合的映射，即全函数 $\rho^n: W \rightarrow 2^{D^n}$。

（3）概念化，域 D 的概念化是一个有序三元组 $C = <D, W, \mathscr{R}>$，其中 $\mathscr{R}$ 是域空间上概念关系 ρ^n 的集合。

逻辑语言 $\mathcal{L}$ 的内涵解释 $<C, \mathfrak{J}>$，其中概念化 $C = <D, W, \mathscr{R}>$，而函数 $\mathfrak{J}$：$V \rightarrow D \cup \mathscr{R}$ 是把域 D 的元素赋予语言词汇 V 的常量符号，并把集合 $\mathscr{R}$ 的元素赋予词汇 V 的谓词符号。逻辑语言 $\mathcal{L}$ 的内涵解释也称为本体承诺。如果 $\mathcal{K}$ 是语言 $\mathcal{L}$ 的本体承诺，则语言 $\mathcal{L}$ 通过承诺概念化 $\mathcal{C}$。

Guarino 等人提出的概念分类体系，从理论上澄清了概念分类上存在的模糊和混淆的现象,同时为实际应用中本体概念模型的建立提供了良好的分析、设计和评估的手段。

2. OWA 形式化

基于本体的 Web 注释(Ontology – based Web Annotation,OWA)定义本体包括 6 个元素 $\{C, A_C, R, A_R, H, X\}$。OWA 对上述概念有如下解释:

(1)概念属性集 $A_C(c_i)$。概念集 C 中的每个概念 c_i 用来表示相同种类的一组对象,并能用相同的属性集进行描述。

(2)关系 $r_i(c_p, c_q)$。关系集 R 中的每个关系 r_i 表示概念 c_p 和 c_q 之间的二元关联,并且此关联的实例是一对概念对象 (c_p, c_q)。

(3)关系属性集 $A_R(r_i)$。用于表示关系 r_i 的属性。

(4)概念层次 H。是概念 C 的概念层次,并且是 C 中概念之间的一组父类——子类关系。

(5)公理 X 中的每个公理是对概念的属性值和关系属性值的约束,或是对概念对象之间关系的约束,每个约束都能表达成类似 Prolog[①] 语言形式的规划。

3. KAON 形式化

KAON(Karlsruhe Ontology)是德国 Karlsruhe 大学在开发 Karlsruhe 本体的过程中形成对本体的普通核心和不同扩展进行的定义,用于团队内部的概念共同理解,其定义如下:

(1)核心本体是结构 $O := (C, \leq_C, R, \sigma, \leq_R)$,其中两个不相交集 C 和 R 的元素被称为概念标识符和关系标识符;偏序 $\leq_C$ 称作集合 C 的概念层次或分类;函数 $\sigma: R \to C^+$ 称作签名;偏序 $\leq_R$ 称作集合 R 的关系层次,$r_1 \leq_R r_2$ 意味着 $|\sigma(r_1)| = |\sigma(r_2)|$,并且对于每个 $1 \leq i \leq |\sigma(r_1)|$,有 $\pi_i(\sigma(r_1)) \leq_C \pi_i(\sigma(r_2))$。$\pi_i$ 是从 $\sigma(r)$ 到 $\sigma(r)$ 所拥有的状态集的映射。

(2)对于关系 $r \in R$ 有 $|\sigma(r)| = 2$,则定义此关系的定义域(domain)为 $\mathrm{dom}(r) := \pi_1(\sigma(r))$,值域(range)为 $\mathrm{range}(r) := \pi_2(\sigma(r))$。

(3)设 $\mathcal{L}$ 是逻辑语言,本体 $O := (C, \leq_C, R, \sigma, \leq_R)$ 的 $\mathcal{L}$—公理为 $A := (AI, \alpha)$,其中 AI 中的元素称为公理的标识符;$\alpha: AI \to \mathcal{L}$ 是映射;$A := \alpha(AI)$ 的元素称为公理。具有 $\mathcal{L}$—公理的本体记作 (O, A),其中 O 是本体,A 是 O 的 $\mathcal{L}$—公理系统。

(4)具有 $\mathcal{L}$—公理的本体 (O, A) 是一致的(consistent),如果 $A \cup \{\forall x: x \in c_1 \to x \in c_2 | c_1 \leq c_2\} \cup \{\forall x: x \in r_1 \to x \in r_2 | r_1 \leq r_2\}$ 是一致的,则本体代表核心本体

---

① 一种人工智能的逻辑程序设计语言,基本形式是谓词结构。如 A 与 B 之间有关系 R,表示为 $R(A, B)$。

或具有 $\mathcal{L}$—公理的本体。

（5）本体 $O: = (C, \leqslant_C, R, \sigma, \leqslant_R)$ 的词典具有结构：$\mathrm{Lex}: = (S_C, S_R, \mathrm{Ref}_C, \mathrm{Ref}_R)$。其中：两个集合的元素 S_C、R_C 分别称为概念的标记（sign）和关系的标记；关系 $\mathrm{Ref}_C \subseteq S_C \times C$，称为概念的词汇参考，此处 $(c, c) \in \mathrm{Ref}_C$ 包括所有 $c \in C \cap S_C$；关系 $\mathrm{Ref}_R \subseteq S_R \times R$，称为关系的词汇参考，此处 $(r, r) \in \mathrm{Ref}_R$ 包括所有 $R \in R \cap S_R$。

（6）知识基是结构 $KB: = (C_{KB}, R_{KB}, I, \ell_C, \ell_R)$，包含两个集：概念集 C_{KB}，关系集 R_{KB}；集合 I 的元素称为实例标识符；函数 $\ell_C: C_{KB} \to I$ 称为概念的实例化；函数 $\ell_R: R_{KB} \to I$ 称为关系的实例化。

（7）知识基的实例词典 $KB: = (C_{KB}, R_{KB}, I, \ell_C, \ell_R)$，是对 $IL: = (S_I, R_I)$，其中集合 S_I 的元素称为实例的标记；关系 $R_I \subseteq S_I \times I$ 称为实例的词汇参考。包含词典的知识基是对 (KB, IL)，其中 KB 是知识基，IL 是知识基 KB 的实例的词典。

4. Perez 的建模原语

Perez 等提出的本体建模原语包含 5 个基本的建模基元（Modeling Primitive），分别为类（Class 或 Concept）、关系（Relation）、函数（Function）、公理（Axiom）和实例（Instance）。

概念的含义很广泛，可以指任何事物，如描述、功能、行为、策略和推理过程等。关系代表在领域中概念之间的交互作用，形式上定义为 n 维笛卡儿积的子集。函数是一类特殊的关系。在这种关系中前 $n-1$ 个元素可以唯一决定第 n 个元素。形式化的定义如下 $F: = C_1 \times C_2 \times \cdots \times C_{n-1} \to C_n$。公理代表永真断言。实例代表元素。从语义上分析，实例表示的是对象，而概念表示的则是对象的集合，关系对应于对象元组的集合。

概念的定义一般采用框架（Frame）结构，包括概念的名称，与其他概念之间关系的集合，以及用自然语言对该概念的描述。基本的关系有 4 种：

（1）Part – of——表达概念之间部分与整体的关系；

（2）Kind – of——表达概念之间的继承关系；

（3）Instance – of——表达概念的实例和概念之间的关系；

（4）Attribute – of——表达某个概念是另外一个概念的属性。

基本关系是 Perez 建模原语的最基本关系。实际的建模过程中需要根据需求对其进行扩展。

上述 4 种本体形式化方法，涵盖了本体定义中提出的 4 层含义，即概念、明确、规范、共享。由于 Perez 建模原语是按照分类法的形式组织概念、关系等，比较符合人们日常处理事务的思维方式，能够比较容易的被理解，且方便实现；且与军事、作战相关的概念一般有较强的层次性，所以本书以 Perez 建模原语为本体的形式化的基本形式。以类(或概念)、关系、函数、公理和实例来定义与CGF行为建模中相关的本体。

2.3 本体推理的逻辑基础

根据本体的定义,本体能够对某一领域(共享)的知识进行表示(概念化),并用于计算机处理(明确的规范化)。但这只是本体最基本的定义形式,本体的重点在于其能够根据建立的概念和概念间的关系,利用函数(规则)和公理进行逻辑推理。这里就涉及到本体推理所采用的逻辑方法或手段。首先对逻辑学基础知识进行简介,然后重点介绍与本体推理直接相关的描述逻辑及其扩展。

2.3.1 逻辑学基础简介

1. 形式语言

形式语言是计算机信息处理领域,特别是人工智能领域,广泛采用的分析问题和处理问题的工具。形式语言是一种符号体系,一串基本符号是形式语言中的一个公式。形式语言中要区别合式公式(合语法的公式)与不合式公式(不合语法的公式)。形式语言中对一个形式语言的基本符号的规定必须是可行的,即在有穷步内,能够判定任一符号是或不是该形式语言的基本符号。一个形式语言的形成规则也必须是可行的,即形成规则必须提供一种可行的方法,以判定任一公式是或不是该形式语言的合式公式。

在规定一个形式语言的基本符号与形成规则时,可以完全不必考虑基本符号和合式公式的意义,只是把其看作一些物理的对象,只考虑其形状和相互间的空间关系。形式语言之所以是形式的,就在于它的基本符号和合式公式不具有意义,是独立于任何解释的。在构造了一个形式语言之后,可以进一步应用形式语言构造一个形式系统或对形式语言和形式系统作出解释。

2. 逻辑演算

形式语言中加上推理工具,就构成了一个逻辑演算。逻辑演算通常又叫做形式系统或逻辑系统。推理工具通常包括公理与推理规则。公理是证明的起点,由人为选择的合式公式构成。推理规则规定由一些合式公式推导出另一个(些)合式公式。

基本符号、形成规则、公理与推理规则,即构成逻辑演算的基础。由逻辑演算的公理和从公理根据推理规则推出的合式公式所组成的一个有穷的公式序

列,是该逻辑演算中的一个证明。证明中的最后一个合式公式即是此逻辑演算中的定理。逻辑演算中有如下规定:

(1)逻辑演算的公理必须是可行的,即必须有一种可行的方法,以判定任一合式公式是或不是逻辑演算的公理。

(2)逻辑演算的推理规则也必须是可行的,即必须有一种可行的方法,以判定任一些合式公式与任一个合式公式之间有或没有直接推出关系。

(3)逻辑演算的证明也是有可行性的。对于任一有穷的合式公式序列,有一可行的方法,以判定它是或不是这个逻辑演算中的证明。

在规定逻辑演算的公理与推理规则时,完全不考虑符号和合式公式的意义,只是把它们看作表示某类或某种事物的对象。形式语言和逻辑演算中的符号与合式公式,都只具有形状和空间方面的性质。要使形式语言成为有意义的语言,即使逻辑演算成为表达逻辑规律的科学体系,需要对形式语言和逻辑演算作出解释。

逻辑演算的解释,就是规定逻辑演算中的符号与合式公式指称什么事物,或者规定取值和值域。例如,对于逻辑演算 P 中的命题变元 p_i,规定它的值是真值或假值,也规定由逻辑联词"→"等构成的几个合式公式在命题变元取真值或假值的情形下的真或假。这就是命题演算 P 的解释。

逻辑演算的解释,规定了符号与合式公式同它们所指谓的事物之间的关系。

3. 数理逻辑

数理逻辑通过建立逻辑演算来研究正确思维的形式。逻辑演算应用了精确规定的形式语言,逻辑演算与数理逻辑就避免了日常语言的含混性,而达到高度的严格性。逻辑演算是一个公理系统。数理逻辑通过建立逻辑演算,把分散部分的正确思维形式组成一个相互联系的完整系统,从而可以研究这一系统的普遍性质。

数理逻辑研究关于逻辑演算解释的理论,有狭义与广义的分别。通常的命题演算与谓词演算是公认的数理逻辑的基本部分。模态命题演算与模态谓词演算是分别在通常的命题演算与通常的谓词演算上加入"必然"与"可能"这些基本概念或基本符号而形成的逻辑演算。描述逻辑则是框架(Framework)、语义网(Semantic Web)和一阶谓词逻辑的有机结合(也有观点认为描述逻辑是模态逻辑的分支①),是知识表示的一种形式化语言,适合表示关于概念和概念层

---

① 见 Guido Boella,Leendert van der Torre,An Agent Oriented Ontology of Social Reality[C], In Procs. of FOIS'04, Torino.

次结构的知识,因此也称为概念表示语言和术语逻辑。

4. 描述逻辑和本体

本体建模除了要对概念、关系、公理体系的构建外,还需要一定的逻辑基础支持其语义推理功能,比较成熟的是描述逻辑。包括 OWL 在内的多种本体描述框架和描述语言都内嵌了描述逻辑。

描述逻辑统一了基于框架、语义网、面向对象的表示(Object - oriented Representation)以及语义数据模型(Semantic Data Model)系统的逻辑基础,并给出一种形式化的、基于逻辑的语义。描述逻辑的基本构件是概念、关系和个体。概念描述了一个个体集合的共同属性,并且可将概念解释为对象集的一元谓词,将关系解释为对象之间的二元关系。描述逻辑的特点在于,将大量的构造符作用到简单概念上,从而可以建立更多复杂的概念。另外,描述逻辑将推理作为中心服务,即从知识库中显式包含的知识推导出隐含表示的知识。描述逻辑注重关键推理服务的可判定性,并且提供了可靠的、完备的推理算法。

2.3.2 描述逻辑

1. 基本定义

描述逻辑(Description Logic,DL)是基于概念(类)、角色(属性)、个体的知识表示形式。根据构造算子的不同,可对 DL 进行分类。最基本的 DL 是 $\mathcal{ALC}$[①],它只包含"合取"、"析取"、"非"、"存在量词"和"全称量词"这些构造算子。$\mathcal{SHIQ}$ DL 在 $\mathcal{ALC}$ 的基础上增加了数量约束构造算子。首先,定义一个解释 $I = <\Delta^I, \cdot^I>$ 由解释的领域 Δ^I 和解释函数 $\cdot^I$ 所构成,其中解释函数把每个原子概念 A 映射为 Δ^I 的子集,而把每个原子关系 R 映射为 $\Delta^I \times \Delta^I$ 的子集。

一般来说,DL 有两个基本元素——概念(Concept)和角色(Role)。概念解释为一个领域的子集;角色则表示在领域中个体之间所具有的相互关系,是在领域集合上的一种二元关系。在一定领域中,一个知识库 $K: = <T, A>$ 由两个部分组成:TBox T 和 ABox A。T 断言的一般形式为 $C \sqsubseteq D,C$ 和 D 都是概念。ABox 是实例断言的有限集合,形为 $C(a)$,C 是一个概念,a 是个体的名称;或者形为 $R(a,b)$,R 为一个关系,a 与 b 为个体的名称。

DL 依据提供的构造算子,在简单的概念和关系上可以构造出复杂的概念和关系。DL 至少包含以下算子:交($\cap$)、并($\cup$)、非($\neg$),存在量词($\exists$)和全

---

① 一种描述逻辑语言,基本形式是 $\mathcal{ALC}$(Attributive Language,属性语言,$\mathcal{C}$ 表示 Complement,实现)。

称量词（∀）。这种最基本的 DL 称为 $\mathcal{ALC}$。在 $\mathcal{ALC}$ 的基础上,若添加不同的构造算子,则构成不同表达能力的 DL。例如,在 $\mathcal{ALC}$ 上添加数量约束算子"≤"和"≥",则构成 DL – $\mathcal{ALCN}$。$\mathcal{ALC}$ 语义将概念解释为一定领域的子集,关系是该领域上的二元关系。表 2 – 1 给出了 DL 支持的若干构造算子及其语义（其中,"|·|"指的是集合的基数,下同）。

表 2 – 1 DL 构造算子及语义

序号	构造算子	语 法	语 义
1	原子概念	A	$A^I \subseteq \Delta^I$
2	原子关系	R	$R^I \subseteq \Delta^I \times \Delta^I$
3	合取	$C \cap D$	$C^I \cap D^I$
4	析取	$C \cup D$	$C^I \cup D^I$
5	非	$\neg C$	Δ^I / C
6	存在量词	$\exists R.C$	$\{x \mid \exists y, (x,y) \in R^I \wedge y \in C^I\}$
7	全称量词	$\forall R.C$	$\{x \mid \forall y, (x,y) \in R^I \Rightarrow y \in C^I\}$
8	数量约束	$\geq_n R$	$\{x \mid \mid \{y \mid (x,y) \in R^I\} \mid \geq n\}$
9		$\leq_n R$	$\{x \mid \mid \{y \mid (x,y) \in R^I\} \mid \leq n\}$
10	逆	R^-	$\{(x,y) \mid (y,x) \in R^I\}$
11	传递闭包	R^*	$(R^I)^*$
12	全集（顶集）	$\top$	$\top^I = \Delta^I$
13	空集（底集）	$\bot$	$\bot^I = \varnothing$

一个 DL 系统包含 4 个基本组成部分:

(1) 表示概念和关系的构造集;

(2) TBox,关于概念和概念间关系的断言;

(3) ABox,关于特定对象的断言（实例断言）;

(4) TBox 和 ABox 上的推理机制。

DL 具有以下主要特点:

(1) 定义良好的语义和表示能力;

(2) 基于逻辑的推理能力;

(3) 保证计算复杂性和可判定性;

(4) 明确的推理算法,如基于 Tableaux 的算法。

常用的基于 DL 的推理器有:FaCT + + (Fast Classification of Terminology,术语快速分类器),RACER(Renamed ABox and Concepts Expression Reasoner,重命

名的 ABox 和概念表示推理机),以及利用 SWRL(Semantic Web Rules Language,语义网规则语言)插件的工具软件 Protégé 等。

2. TBox 推理

DL 的推理主要包括一致性、可满足性、包含检测、实例检测和可判定性等,其推理功能主要集中在包含检测和可满足性上。

Tbox 层推理的典型任务就是确定一个描述是否是可满足的(没有矛盾的),或者一个描述是否比另外一个描述更加概括(第一个描述是否包含第二个描述)。DL 对 Tbox 提供的推理有:概念可满足性;概念间的包含关系;概念间的等价关系以及概念间的分离关系。这些推理问题都可以转化为包含关系或者不可满足性的检查,其中概念的可满足性是一个关键的推理。

假设 T 是一个 Tbox,则有:

(1) 可满足性:如果存在 T 的一个模型 I,C^I 是非空的,并且概念 C 是可满足的,那么 I 就是 C 的模型。

(2) 包含检测:如果对于 T 的每一个模型 I,都有 $C^I \subseteq D^I$,那么概念 C 被概念 D 包含。记作:$C \sqsubseteq_T D$,或者 $T \models C \sqsubseteq D$。

(3) 等价检测:如果对于 T 中的每一个模型 I,都有 $C^I = D^I$,那么概念 C 和概念 D 是等价的。记作:$C \equiv_T D$,或者 $T \models C \equiv D$。

(4) 相离检测:如果对于 T 的每一个模型 I,都有 $C^I \cap D^I = \varnothing$,那么概念 C 和概念 D 是相离的。

定理 2.1:(包含关系)对于概念 C 和概念 D,有:

(1) C 是不可满足的,当且仅当 C 被 $\bot$ 包含;

(2) C 和 D 是等价的,当且仅当 C 被 D 包含,同时 D 被 C 包含;

(3) C 和 D 是相离的,当且仅当 $C \cap D$ 被 $\bot$ 包含。

定理 2.2:(不可满足性)对于概念 C 和概念 D,有:

(1) C 被 D 包含,当且仅当 $C \cap \neg D$ 是不可满足的;

(2) C 和 D 是等价的,当且仅当 $C \cap \neg D$ 以及 $\neg C \cap D$ 是不可满足的;

(3) C 和 D 是相离的,当且仅当 $C \cap D$ 是不可满足的。

由定理 2.1 和定理 2.2 进一步验证了 Tbox 层上的推理问题都可以转化为包含性推理或者不可满足性推理。因此这两种推理是 Tbox 层推理的核心。

3. Abox 推理

Abox 推理的典型任务就是要判断其陈述集(assertions)是否是一致的(即是否有一个模型),而且还要确定 Abox 中的陈述是否使得一个特定的个体是一个给定概念描述的实例。DL 对 Abox 层的推理提供了两种主要类型的推理:判断 Abox 的一致性;对 Abox 进行实例检测,即判断个体是否为某个类的实例。

（1）一致性检测:当存在一个解释 I 即是 Tbox T 模型,同时也是 Abox A 的模型,则称 A 与 T 是一致的。

（2）实例检测:对 Abox A 的每一个模型 I,均满足实例 a,则 a 通过实例检测,记为 $A \models a$。

定理 2.3:$A \models C(a)$,当且仅当 $A \cup \{\neg C(a)\}$ 满足一致性检测。

定理 2.4:C 是可满足的,当且仅当 $\{C(a)\}$ 满足一致性检测。

由定理 2.3,可以验证 Abox 层实例检测可以转化为一致性检测。由定理 2.4 可以验证 Tbox 层概念的可满足性问题也可以转化为 Abox 层的一致性问题。

4. 推理实现算法

已经知道,只要使用的 DL 允许联合和否定,那么所有的推理问题都可以被简化为 Abox 的一致性问题。但是部分描述语言是不允许出现否定的。对于这样的 DL 系统,概念的包含性问题通常是通过结构化包含算法来实现的。对于含有（完全）否定和相离的 DL 系统的问题,结构化包含算法是不能解决的。Tableau – based 算法确被证实是有效解决此问题的最佳选择。

1）Tableau – based 算法

Tableau – based 算法没有直接测试概念描述的包含关系,而是使用否定形式,将包含关系简化为（不）可满足性。

定理 2.5:如果 $C \sqsubseteq D$,那么当且仅当 $C \sqcap \neg D$ 是不可满足的。

在运用 Tableau – based 算法之前,使用德摩根定律以及常用的量词定律把描述中的所有符号都换成否定符号并且否定只出现在概念名的前面。设 B 是 $C \sqcap \neg D$ 的否定形式。如果 Tableau – based 算法试图证明 B 是可满足的,那么必须构造一个解释 I 使得 $B^I \neq \varnothing$,即在 Δ^I 中必须存在个体是 B^I 的一个元素。Tableau – based 算法对于新个体的引入与推理有如下要求:

（1）对于任何存在性限制,该算法都会给出一个新的个体作为角色的承担者。而该个体必须满足限制条件。

（2）该算法在和已经定义的角色关系进行联系时,使用值限制给个体增加新的限制。

（3）对于相离的限制来说,算法依旧连续尝试两种可能性,如果遇到明显的矛盾,则算法必须回溯。

可以总结出,Tableau – based 算法的基本思想就是构造 Abox 的可能模型,然后通过 DL 中的一系列转换规则消除量词和连接词,从而得到新的 Abox。它只包含原子断言形式。若这些原子断言形式没有明显的矛盾,则新的 Abox 就是原 Abox 的一个模型。

算法中的限制性条件可以用 Abox 断言来表示,不妨设 Abox $A = \{E(x)\}$,其中 x 为个体,那么检测 E 的可满足性就成为 A 的一致性检测。

2)一致性判定算法

检测目标的一致性是进行任何推理的基础。下面是一致性判定算法。

定义 2.1:目标公式 α 是冲突的,当且仅当它具有如下情形之一:

(1) $\{\perp(a)\}$;

(2) $\{C(a), \neg C(a)\}$;

(3) $\{R(a,b), \neg R(a,b)\}$。

其中 C 为任意概念,R 为关系,a、b 为任意个体常元。

定义 2.2:一个目标公式集 α 是一致的,当且仅当 α 中不含冲突,否则 α 就是不一致的。

一致性判定算法主要是利用 DL 中的基本公理对原有公式集进行扩充,然后根据定义 2.1 和 2.2 检测是否有冲突和一致性判定。目标公式 α 必须是标准形式,即所有的 $\neg$ 操作符必须出现在原子目标之前。如果 α 不是标准形式,则按以下规则进行相应转化:

(1) $\neg (\alpha \cap \beta)$ iff $\neg \alpha \cup \neg \beta$;

(2) $\neg (\alpha \cup \beta)$ iff $\neg \alpha \cap \neg \beta$。

算法通过以下步骤对 α 进行扩充并检测:

步骤 1:若有 $C(x) \in \alpha$,并且 $\forall x(C(x) \rightarrow D(x))$,则将 $D(x)$ 添加到 α 中。

步骤 2:使用以下规则对 α 中的公式进行扩充,直到没有可用的规则。

(1) $\cap$ 规则:若 α 中含有 $C_1 \cap C_2(x)$,但是 $C_1(x)$ 和 $C_2(x)$ 不同时出现在 α 中,则将 $\{C_1(x), C_2(x)\}$ 并入 α 中。

(2) $\cup$ 规则:若 α 中含有 $C_1 \cup C_2(x)$,但是 $C_1(x)$ 和 $C_2(x)$ 都不出现在 α 中,则将 $\{D(x)\}$ 并入 α 中,其中 $D = C_1$ 或者 $D = C_2$。

(3) $\exists$ 规则:若 α 中含有 $(\exists R. C)(x)$,但不存在个体 z 使得 $R(x,z)$ 和 $C(z)$ 出现在 α 中,则将 $\{R(x, z), C(z)\}$ 并入 α 中。

(4) $\forall$ 规则:若 α 中含有 $(\exists R. C)(x)$ 和 $R(x,y)$,但是 α 中不存在 $C(y)$,则将 $\{C(y)\}$ 并入 α 中。

步骤 3:最后检测 α 中是否有冲突,如果没有冲突,则 α 是一致的;否则,α 是不一致的,算法终止。

实际应用中,DL 侧重于静态知识的表示与推理问题,如建立知识库等。对于与动作相关或与时间相关的动态领域的知识表示与描述,如 CGF Agent 的信念的更新,CGF Agent 在战场中对态势的感知等。为建立支持 CGF 的推理模型,需要以动态的、与时间相关的逻辑来描述这些变化。与之相关的逻辑基础是动态描述逻辑和时态描述逻辑。

2.3.3 时态描述逻辑

描述逻辑的主要特点在于既提供了极高的概念、关系的刻画能力,又保证了推理的可判定性和有效性。时态描述逻辑在描述逻辑中引入一个时态维,形成具有二维特征的逻辑系统。Baader 等人在将线性时态逻辑($\mathcal{LTL}$)与描述逻辑($\mathcal{ALC}$)结合,提出了时态描述逻辑 $\mathcal{ALC} - \mathcal{LTL}$。然后分别在一般情况下、考虑 rigid concept 的情况下以及同时考虑 rigid concept 和 rigid role 的情况下,研究了 $\mathcal{ALC} - \mathcal{LTL}$ 中公式的可满足性问题,证明了该问题在 3 种情况下都是可判定的,并分析了相应的时间复杂度。

由于 $\mathcal{ALC} - \mathcal{LTL}$ 中并没有将时态算子应用于概念的构造,因此从时态逻辑的角度来看,也可以将 $\mathcal{ALC} - \mathcal{LTL}$ 看作是在命题线性时态逻辑 $\mathcal{LTL}$ 中引入描述逻辑 $\mathcal{ALC}$ 的刻画成分之后得到的逻辑系统。

$\mathcal{ALC} - \mathcal{LTL}$ 的主要特点在于将 $\mathcal{ALC}$ 中的原子命题替换为 $\mathcal{ALC}$ 中的一般概念,包含公理、概念断言和角色断言。具体来说,$\mathcal{ALC} - \mathcal{LTL}$ 的基本符号包括由概念名组成的集合 N_C、由角色名组成的集合 N_R 以及由个体名组成的集合 N_I;从这些符号出发,通过描述逻辑 $\mathcal{ALC}$ 中的概念构造符和线性时态逻辑 $\mathcal{LTL}$ 中的公式构造符,可以递归地生成 $\mathcal{ALC} - \mathcal{LTL}$ 的概念和公式。

定义 2.3:$\mathcal{ALC} - \mathcal{LTL}$ 中的概念由如下产生式生成:

$$C,D:: = C_i \mid \neg\, C \mid C \cup D \mid \forall R.\, C \qquad (2-1)$$

式中:$C_i \in N_C, R \in N_R$。此外,可以引入形如 $C \cap D$ 和 $\exists R.\, C$ 的概念,分别作为 $\neg\, C(\neg\, C \cup \neg\, D)$ 和 $\neg\, (\forall R.\, \neg\, C)$ 的缩写。

令 C、D 为任意两个概念,$R \in N_R, p,q \in N_I$,则将 $C \subseteq D$ 称为一般概念包含公理,将 $C(p)$ 称为概念断言,将 $R(p,q)$ 称为角色断言。

定义 2.4:$\mathcal{ALC} - \mathcal{LTL}$ 中的公式由如下产生式生成:

$$\varphi,\psi:: = C \subseteq D \mid C(p) \mid R(p,q) \mid \neg\, \varphi \mid \varphi \wedge \psi \mid X\varphi \mid \varphi u\psi \qquad (2-2)$$

式中:$p,q \in N_I, R \in N_R, C、D$ 为概念。

将每个一般概念包含公理、概念断言和角色断言都称为一个 $\mathcal{ALC}$ – 断言;将每个 $\mathcal{ALC}$ – 断言及其否定形式都称为一个 $\mathcal{ALC}$ – 文字。此外,将每个形如 $\varphi u\psi$ 的公式称为一个可能性断言。

从语义上看,$\mathcal{ALC} - \mathcal{LTL}$ 的解释结构与 $\mathcal{LTL}$ 的解释结构在整体上相似,通

过时间的进展将各个状态线性地组织起来。但与 $\mathcal{LTC}$ 解释结构不同的是，$\mathcal{ALC} - \mathcal{LTC}$ 解释结构中的每个状态不是简单地映射为由原子命题组成的集合，而是映射为描述逻辑 $\mathcal{ALC}$ 的一个解释。

定义 2.5：$\mathcal{ALC} - \mathcal{LTC}$ 解释结构是一个二元组 $M = (N, I)$，N 为自然数集合。其中，函数 I 对每个自然数 $n \in N$ 赋予描述逻辑 $\mathcal{ALC}$ 的一个解释 $I(n) = (\Delta, \cdot^{I(n)})$。其中的解释函数 $\cdot^{I(n)}$ 满足以下条件：

（1）将每个概念名 $C_i \in N_C$ 解释为 Δ 的某个子集 $C_i^{I(n)} \subseteq \Delta$；

（2）将每个角色名 $R_i \in N_R$ 解释为 Δ 上的某个二元关系 $R_i^{I(n)} \subseteq \Delta \times \Delta$；

（3）将每个个体名 $p_i \in N_I$ 解释为 Δ 中的某个元素 $p_i^{I(n)} \in \Delta$，并且对于任一自然数 $m \in N$ 都有 $p_i^{I(n)} \in p_i^{I(m)}$。

定义 2.6：给定任一 $\mathcal{ALC} - \mathcal{LTC}$ 解释结构 $M = (N, I)$，对 $\mathcal{ALC} - \mathcal{LTC}$ 中概念和公式的语义递归定义如下。首先，相对于任一自然数 $n \in N$，将每个概念 C 解释为 Δ 的某个子集 $C^{I(n)}$。

其递归定义为：

（1）$\neg\, C^{I(n)} := \Delta \backslash C^{I(n)}$，其中的"\"为集合差运算。

（2）$(C \cup D)^{I(n)} := C^{I(n)} \cup D^{I(n)}$。

（3）$(\forall R.\, C)^{I(n)} := \{x \mid$ 对于任一 $y \in \Delta$：$(x, y) \in R^{I(n)} \Rightarrow y \in C^{I(n)}\}$。

相对于任一自然数 $n \in N$，用 $(M, n) \models \varphi$ 表示公式 φ 在结构 M 中的时间点 n 下成立，递归定义如下：

（4）$(M, n) \models C \subseteq D$ 当且仅当 $C^{I(n)} \subseteq D^{I(n)}$。

（5）$(M, n) \models C(p)$ 当且仅当 $p^{I(n)} \in C^{I(n)}$。

（6）$(M, n) \models R(p, q)$ 当且仅当 $p^{I(n)}, q^{I(n)} \in R^{I(n)}$。

（7）$(M, n) \models \neg\, \varphi$ 当且仅当 $(M, n) \not\models \varphi$（即公式 φ 在结构 M 中的时间点 n 下不成立）。

（8）$(M, n) \models \varphi \wedge \psi$ 当且仅当 $(M, n) \models \varphi$ 并且 $(M, n) \models \psi$。

（9）$(M, n) \models X\varphi$ 当且仅当 $(M, n + 1) \models \varphi$。

（10）$(M, n) \models \varphi u \psi$ iff 存在某个整数 $k \geqslant 0$ 使得 $(M, n + k) \models \varphi$，并且对于任一 $0 \leqslant i < k$ 都有 $(M, n + i) \models \varphi$。

描述逻辑中的知识库通常由 Tbox 和 Abox 组成，其中的 Tbox 是由一般概念包含公理组成的有限集合，Abox 是由概念断言、角色断言以及概念断言和角色断言的否定形式等组成的有限集合。在更一般的情况下，描述逻辑中还允许通过布尔联结符将一般概念包含公理、概念断言和角色断言组织起来，形成布尔知识库。此时，一个最基本的推理问题是判断布尔知识库的一致性，即对于任

一布尔知识库 B,判断是否存在描述逻辑的一个解释 $I = (\Delta, \cdot^I)$ 使得 $I \mid = B$。

显然,描述逻辑 $\mathcal{ALC}$ 中的每个布尔知识库仅仅是 $\mathcal{ALC} - \mathcal{LTL}$ 中一个不含有时态算子的公式。相应地,描述逻辑 $\mathcal{ALC}$ 中布尔知识库的一致性问题在 $\mathcal{ALC} - \mathcal{LTL}$ 中体现为公式的可满足性问题。

定义 2.7:对于 $\mathcal{ALC} - \mathcal{LTL}$ 中的任一公式 φ,称 φ 是可满足的,当且仅当存在某个 $\mathcal{ALC} - \mathcal{LTL}$ 解释结构 $M = (N, I)$ 使得 $(M, 0) \mid = \varphi$。

公式的可满足性问题是时态描述逻辑 $\mathcal{ALC} - \mathcal{LTL}$ 中最基本的推理问题。

2.3.4　动态描述逻辑

动态描述逻辑(Dynamic Description Logic,DDL)由中科院史忠植等人提出,将静态知识表示和思维动态更新两个方面的表示和推理结合在一起,形成了一种统一的形式化框架。动态描述逻辑一方面具有描述逻辑的可判定性和语义特征,另一方面又能有效地对动态过程进行表示和推理。

1. DDL 的语法

定义 2.8:在动态描述逻辑的语言中包括以下基本符号:

(1) 概念名:$C_1, C_2, \cdots$

(2) 关系名:$R_1, R_2, \cdots$

(3) 个体常元:$a, b, c, \cdots$

(4) 个体变元:$x, y, z, \cdots$

(5) 概念运算:$\neg, \cap, \cup$ 以及量词:$\exists, \forall$

(6) 公式运算:$\neg, \wedge, \rightarrow$ 以及量词:$\forall$

(7) 动作名:$A_1, A_2, \cdots$

(8) 动作构造:如";"(合成),$\cup$(交替),$*$(反复),?(测试)

(9) 动作变元:$\alpha, \beta, \cdots$

(10) 公式变元:$\varphi, \psi, \pi, \cdots$

(11) 状态变元:$u, v, w, \cdots$

定义 2.9:在 DDL 中,概念定义如下:

(1) 原子概念 P、全集 $\top$ 和空集 $\bot$ 都是概念。

(2) 如果 C 和 D 是概念,则 $\neg C, C \cap D, C \cup D$ 都是概念。

(3) 如果 R 为关系,C 为概念,则 $\exists R. C, \forall R. C$ 都是概念。

定义 2.10:DDL 的公式定义如下:

(1) 形如 $C(a), R(a, b)$ 的表达式称为断言公式,是不带变元的。

(2) 形如 $C(x), R(x, y)$ 的表达式称为一般公式,是带变元的。

（3）断言公式和一般公式都是公式。

（4）如果 φ 和 ψ 为公式，则 $\neg\,\varphi,\varphi\rightarrow\psi,\varphi\wedge\psi,\forall\,x\varphi$ 都是公式。

定义 2.11：形如 $\{a_1/x_1,\cdots,a_n/x_n\}$ 的有穷集合称为一个实例代换，其中 $a_1,\cdots,a_n$ 为个体常元，称为代换项，$x_1,\cdots,x_n$ 为个体变元，称为代换基，它们满足 $x_i\neq x_j,i,j\in\{1,\cdots,n\}$。

定义 2.12：设 φ 为一公式，$x_1,\cdots,x_n$ 为出现在 φ 中的个体变元，$a_1,\cdots,a_n$ 为个体常元，令 φ' 为 φ 通过实例代换 $\{a_1/x_1,\cdots,a_n/x_n\}$ 而得到的公式，则称 φ' 为公式 φ 的实例公式。

定义 2.13：一个动作描述是一个形如 $A(x_1,\cdots,x_n)\equiv\dfrac{P_A}{E_A}$ 的表达形式，其中：

（1）A 为动作名，指示动作标识符。

（2）$x_1,\cdots,x_n$ 为个体变元，指定动作的操作对象，因此也称之为操作变元。

（3）P_A 为前提公式集，指定动作执行前必须满足的前提条件。

（4）E_A 为结果公式集，指定动作执行后得到的结果集。

定义 2.14：设 $A(x_1,\cdots x_n)\equiv\dfrac{P_A}{E_A}$ 为一个动作描述，$A(a_1,\cdots,a_n)$ 是在 $A(x_1,\cdots,x_n)$ 上经过实例代换 $\{a_1/x_1,\cdots,a_n/x_n\}$ 而得到的，则称 $A(a_1,\cdots,a_n)$ 为 $A(x_1,\cdots,x_n)$ 的动作实例，$A(a_1,\cdots,a_n)$ 为原子动作，$P_A(a_1,\cdots,a_n)$ 称为动作 $A(a_1,\cdots,a_n)$ 的前提集，$E_A(a_1,\cdots,a_n)$ 称为动作 $A(a_1,\cdots,a_n)$ 的结果集。

定义 2.15：DDL 的动作定义如下：

（1）原子动作 $A(a_1,\cdots,a_n)$ 是动作。

（2）如果 α 和 β 为动作，则 $\alpha;\beta,\alpha\cup\beta,\alpha*$ 都是动作。

（3）如果 φ 为断言公式，则 $\varphi?$ 也是动作。

2. DDL 的语义

动态描述逻辑的语义是由以下各部分组成的一个结构：

（1）非空集合 Δ，是 DDL 形式系统中所讨论的所有个体对象的集合，称为论域；

（2）非空集合 W，是 DDL 形式系统中所有状态的集合，称为状态集；

（3）一类被称为解释的映射 I，它对 DDL 中的个体常元、概念和关系加以解释：

① 个体常元是论域 Δ 中一个元素；

② 概念是论域 Δ 的子集；

③ 关系是该论域上的二元关系。

（4）在状态集 W 之上的二元关系 A 称为动作，它对状态集 W 之上的转换关系进行解释。

下面分别进行语义解释。首先,对于 DDL 中的一个状态 u,该状态下的解释 $I(u) = (\Delta, \cdot^{I(u)})$ 由论域 Δ 和解释函数 $\cdot^{I(u)}$ 所构成,其中解释函数把每个原子概念映射到 Δ 的子集,把每个原子关系映射到 $\Delta \times \Delta$ 的子集。概念和关系的语义表示如下:

(1) 全概念T的语义为论域 Δ,即 $T^{I(u)} = \Delta$;

(2) 空概念 $\perp$ 的语义为空集 $\varnothing$,即 $\perp^{I(u)} = \varnothing$;

(3) 若 C 为概念,则 $C^{I(u)} \subseteq \Delta$;

(4) 若 R 为关系,则 $R^{I(u)} \subseteq \Delta \times \Delta$;

(5) $(\neg C)^{I(u)} \subseteq \Delta - C^{I(u)}$;

(6) $(\neg R)^{I(u)} \subseteq \Delta \times \Delta - R^{I(u)}$;

(7) $(C \cap D)^{I(u)} \subseteq C^{I(u)} \cap D^{I(u)}$;

(8) $(C \cup D)^{I(u)} \subseteq C^{I(u)} \cup D^{I(u)}$;

(9) $(\exists R. C)^{I(u)} = \{x \mid \exists y, (x,y) \in R^{I(u)} \wedge y \in C^{I(u)}\}$;

(10) $(\forall R. C)^{I(u)} = \{x \mid \forall y, (x,y) \in R^{I(u)} \Rightarrow y \in C^{I(u)}\}$。

由于个体常元并不依赖于一定的状态,因此采用个体常元的刚性原理,规定个体常元的命名都是唯一的,且不随状态的变化而变化。因此在下面的语义解释中,把个体常元在不同状态的解释 $a^{I(u)}$ 都简记为 a。

在一定状态 u 下,DDL 的断言公式将个体常元同概念和关系进行关联,它们可以分为两类,形如 $C(a)$ 的断言公式称为概念断言,形如 $R(a_1, a_2)$ 的断言公式称为关系断言。对于概念断言,它们用来说明一定状态下某个体常元与某概念之间的关系,即元素与集合之间的关系。其语义解释为:

(1) $u \models C(a)$ 当且仅当 $a \in C^{I(u)}$;

(2) $u \models \neg C(a)$ 当且仅当 $a \notin C^{I(u)}$。

关系断言是用来指明在一定状态下两个个体对象之间所满足的基本关系或者某个体对象的属性,是一种二元关系。其语义解释为:

(1) $u \models R(a_1, a_2)$ 当且仅当 $(a_1, a_2) \in R^{I(u)}$;

(2) $u \models \neg R(a_1, a_2)$ 当且仅当 $(a_1, a_2) \notin R^{I(u)}$。

类似地,在一定状态 u 下,由断言公式组合而成的公式的语义可以解释如下,其中 φ、ψ 为断言公式:

(1) $u \models \neg \varphi$ 当且仅当 $u \not\models \varphi$(即在状态 u 下推导不出 φ);

(2) $u \models \varphi \wedge \psi$ 当且仅当 $u \models \varphi$ 且 $u \models \psi$;

(3) $u \models \varphi \rightarrow \psi$ 当且仅当 $u \models \varphi \Rightarrow u \models \psi$。

动作的执行导致世界状态的变化,因此动作也可以定义为一种状态转换关系。而状态变化的过程实际上就是论域中个体的属性以及个体之间关系的动态变化过程,因此每个状态下所有个体的属性、关系等事实的描述构成世界的状态描述,它们都可以用断言公式来表示。

定义 2.16:称一个动作 α 在状态 u 下是可执行的,当且仅当 α 的前提条件 P_α 中的每个断言公式都能够在 u 中导出,形式化表示为

$$\text{Poss}(\alpha, u) \text{ 当且仅当 } \forall \varphi \in P_\alpha, u \vDash \varphi \qquad (2-3)$$

定义 2.17:称一个状态 u 是通过动作 α 与状态 v 关联的,当且仅当 α 在 u 中是可执行的,且 v 是在状态 u 下执行 α 后得到的后继状态,形式化表示为

$$u[\alpha]v, \text{当且仅当 } Poss(\alpha, u), v = (u - P_\alpha) \in E_\alpha \qquad (2-4)$$

3. DDL 基本公理

动态描述逻辑的基本公理是独立于领域的公理,给出了动态描述逻辑中公式所满足的一些基本性质与规律。下面是其基本公理,其中 φ、ψ、π 为任意公式,x、y 为任意变元,a 为任意常元。

公理 2.1:$\varphi \rightarrow (\psi \rightarrow \varphi)$;

公理 2.2:$(\varphi \rightarrow (\psi \rightarrow \pi)) \rightarrow ((\varphi \rightarrow \psi) \rightarrow (\varphi \rightarrow \pi))$;

公理 2.3:$(\neg \varphi \rightarrow \neg \psi) \rightarrow (\psi \rightarrow \varphi)$;

公理 2.4:$\varphi \wedge \psi \rightarrow \varphi$;

公理 2.5:$\varphi \wedge \psi \rightarrow \psi$;

公理 2.6:$\forall x \varphi \rightarrow \varphi_a^x$(使用 a 对公式 $\forall x \varphi$ 进行实例代入);

公理 2.7:$\forall x(\varphi \rightarrow \psi) \rightarrow (\forall x \varphi \rightarrow \forall x \psi)$。

4. DDL 领域公理

领域公理包括 3 种类型:

(1) 概念公理,说明领域中基本概念的定义及相互间的关系;

(2) 因果约束公理,说明领域中涉及的公式所满足的约束性质、规律以及因果关系等;

(3) 动作公理,说明世界的变化和动作的执行并修改状态。

前两种公理反映了状态内部的断言公式之间所满足的基本性质和规律,称为静态公理。而动作公理主要刻画状态之间的转换及修改,反映世界动态变化的基本性质与规律,称为动态公理。

1) 概念公理

概念公理是用来表示概念之间的包含关系,同时也用来对概念进行解释和定义,其基本表达形式为

$$\forall x(C(x) \rightarrow D(x)) \qquad (2-5)$$

它指明了在论域中概念 C 包含于概念 D，其中 C 称为命名概念，而概念 D 则称为概念 C 的定义和说明。其直观意义为，对于任意个体 x，$C(x) \Rightarrow D(x)$。概念公理实际上说明了对应于概念的个体集合之间的包含关系，即子集关系。

概念公理是针对领域中所涉及的所有概念之间所存在的相互关系的公理，一般是由领域专家给定的。通常由于领域的不同，其涉及的概念可能各不相同，概念间的关系也不同。为了保证概念公理的正确性、一致性、严密性和简洁性，因此需要有一些规范来加以约束。在所有的概念公理中，约定每个命名概念只能在"→"之前出现一次，即被定义一次。那些只出现在"→"之后的概念称为原始概念，它们是不用再定义的。

此外规定每个命名概念不能直接或者间接使用它本身来进行定义和说明。尽管在世界的不同状态中，用来解释每个概念的个体对象集可能有不同，但概念之间的关系并没有改变。

2）因果约束公理

因果约束公理则指明了公式所具有的基本性质与规律，主要体现在公式之间的因果关系和蕴含关系上。因果约束公理一般具有如下形式：

$$\forall x_1, \cdots, x_n(\varphi \rightarrow \psi) \qquad (2-6)$$

式中：φ 和 ψ 都是带个体变元的公式，它们中包含的个体变元都在 $x_1, \cdots, x_n$ 中。其直观意义为，对任意个体 $x_1, \cdots, x_n$，$\varphi(x_1, \cdots, x_n)$ 蕴含 $\psi(x_1, \cdots, x_n)$。在具体的领域中，因果约束公理也可以是具体断言公式之间所具有的因果关系，其形式为 $A \rightarrow B$，其中 A 和 B 都是断言公式。

在动态变化的世界中，个体的属性以及个体之间的关系可能经常发生变化，这种变化实际上就将导致关系断言的变化。尽管关系断言可能会经常变化，但是它们之间所具有的性质或者因果关系是固有的。因此，因果约束公理就使得在关系断言动态变化时，其他与之具有因果关系或者蕴含关系的公式可以方便地得到。

下面的例子就是在具体领域中一些关系或者公式之间可能满足的一些典型规律、性质或者因果关系，表示为因果约束公理：

（1）互逆性：$\forall x \forall y, (\mathrm{Up}(x,y) \rightarrow \mathrm{Down}(y,x))$ \qquad (2-7)

（2）对称性：$\forall x \forall y, (\mathrm{Friend}(x,y) \rightarrow \mathrm{Friend}(y,x))$ \qquad (2-8)

（3）反对称：$\forall x \forall y, (\mathrm{Higher}(x,y) \rightarrow \neg\, \mathrm{Higher}(y,x))$ \qquad (2-9)

（4）传递性：$\forall x \forall y \forall z, (\mathrm{Haspart}(x,y) \wedge \mathrm{Haspart}(y,z) \rightarrow \mathrm{Haspart}(x,z))$

$$(2-10)$$

（5）唯一性：$\forall x \forall y \forall z,(At(x,y) \wedge y \ne z \rightarrow \neg \ At(x,z))$ (2 – 11)

3）动作公理

在动态领域中，动作的执行导致世界的状态变化。动作公理就是用来指明世界变化的基本特征与规律的，指出了动作执行前后的状态公式间的关系。动作公理包含两个方面，一是指明在什么条件下一个动作是可执行的，即前提公理；二是指明一个动作在一定状态下执行后会产生什么结果，即后继状态公理。这两类公理很容易由动作描述而得到，它们分别对应于动作描述中的前提公式集和结果公式集。动作公理具体可以表示如下，其中 $A(x_1,\cdots,x_n)$ 为动作，u 为动作执行的状态，P_A 为前提集，E_A 为结果集。

（1）前提公理：

$$Pre(A(x_1,\cdots,x_n),u) = P_A \qquad (2-12)$$

（2）后继公理：

$$Suc(A(x_1,\cdots,x_n),u) = (u - P_A) \cup E_A \qquad (2-13)$$

由于动作公理是对动作执行的前提、结果等方面进行的描述，体现的是一种动态变化的特性。因此，相关的推理过程实际上属于非单调的过程，但在实际使用时还是要与静态公理及相关推理规则相结合。

2.4 基于动态描述逻辑的 Agent 模型

利用描述逻辑及其扩展（动态描述逻辑）可以表达 Agent 的心智状态。

定义 2.18：一个 Agent 心智状态模型是一个五元组 $\langle K,A,G,P,I \rangle$，其中：

（1）K 为 Agent 的信念知识库；

（2）A 为关于 Agent 的行为能力描述的集合；

（3）G 为 Agent 的目标集合；

（4）P 为 Agent 规划的集合，即规划库；

（5）I 为 Agent 行为意图。

Agent 的信念是 Agent 心智状态中最为基本的元素，也是最重要的元素。其他的心智状态的表示和推理等相关问题可以说都是以信念为基础的，都要依赖于信念。Agent 的信念通常也可以看做是 Agent 的知识库，包括基本的公理、Agent 所熟悉的领域公理、Agent 对领域中客观事实与数据的认识等。

Agent 的行为能力描述则主要反映了 Agent 所具有的行为能力，它与动态描述逻辑中的动作公理及动作描述具有对应关系。

目标反映了 Agent 将要实现的一种状态或者行为，它通常是由于 Agent 接收到一定的任务，或者是由于 Agent 自身的信念以及准则等而产生的目标。

规划是 Agent 的行动计划，它指明了 Agent 为实现一定的需求和目标的主要方法和途径。规划的结果则成为 Agent 的行为意图，即 Agent 准备去实施的具体行为的安排。因此，Agent 的行为意图也可以看做是主体的行为队列，它等待着 Agent 的调度执行，一旦行为被调度执行，则意图转换为行为。

2.4.1　Agent 信念

1. 信念表示

Agent 的信念是 Agent 对它所处的环境以及自身的心智状态的知识，它们是对某个特定领域的公理、事实、数据、规律等的反应，而这些都可以称为 Agent 所具有的知识。因此，Agent 信念的表示和推理问题就可以一般化为知识的表示与推理问题。下面首先给出一些关于 Agent 信念的基本定义。

定义 2.19：Agent 的信念知识库是一个三元组 $K = \langle T, S, B \rangle$。其中，$T$ 描述了领域中的基本概念及其定义，形成领域概念公理，即领域本体；S 是领域事实和公式之间所存在的因果约束关系，称为因果约束公理，它保证知识库的一致性、完整性；B 则是对领域中当前状态下的事实和数据的描述，即当前信念集。

概念公理和因果约束公理都是 Agent 所具有的领域公理，它们是在 Agent 创建时就已经被指定的，是对 Agent 所在领域中的公理、规律等的一种反映，是 Agent 信念中最为基本的部分，也是 Agent 在信念之上进行推理的基础。至于 Agent 信念的基本推理，则还需基于动态描述逻辑中的基本公理和推理规则，即分离规则。

Agent 的当前信念集 B 则是 Agent 信念的数据部分，它是 Agent 对当前状态下客观世界的一种反映和描述，即状态中断言公式的集合。在一定状态 u 下，一个公式 φ 属于 Agent 的信念 B 当且仅当 $B \models_u \varphi$，即在状态 u 下由 B 可以推导出 φ。

当前信念集 B 中的公式一般具有以下几种形式：

（1）概念断言：$C(a)$，表明个体对象 a 属于概念 C。

（2）关系断言：$R(a_1, a_2)$，表明对象 a_1 和 a_2 之间具有关系 R。

（3）断言公式的组合：$\varphi, \varphi \wedge \psi, \varphi \rightarrow \psi$ 等，其中 φ 和 ψ 都是断言公式。

一般情况下,特定领域中的公理和规律等是固有的,通常是不变的,变化的只是状态事实、数据等。因此,狭义上的 Agent 信念就是 Agent 的当前信念集,关于信念的修改就是基于 Agent 的当前信念进行的,所谓的状态变化就是对 Agent 信念的修改过程。若无特别说明,Agent 信念都是指 Agent 的当前信念集。

2. 信念修改

Agent 对客观世界的信念是 Agent 运行的基础,是 Agent 进行各项推理的基础。随着环境的变化和 Agent 自身的运行,Agent 的信念在动态地变化着,这些变化就是通过 Agent 自身来完成的信念修改。Agent 信念的修改主要来源于 3 种原因:

(1) Agent 通过观察而感知到环境的变化,从而及时地修改自身对环境的信念;

(2) 由于 Agent 执行了一定的动作而改变了自身的信念;

(3) 客观世界对 Agent 信念的强制修改。

这里主要讨论前两种情形:

当 Agent 为了实现一定的目标而执行相关的动作时,Agent 也需要将动作执行的结果加入到信念中来,完成相应的信念修改。例如,在当前信念 B 下执行动作 α,得到新信念 B',则新信念 B' 可表示为 $B' = (B - P\alpha) \cup E\alpha$,其中,$E\alpha$ 为动作 α 执行后的结果公式集;$P\alpha$ 为执行 α 的前提条件集。信念修改的方式有 3 种:添加、删除、修改。为了操作的统一,这里只使用添加和删除两个基本操作,而原有信念的修改可以转换为两个操作,即首先删除原有的信念,再添加修改后的新信念。

1) 信念添加算法

假定 Agent 当前的信念为 B,Agent 需要新添加的信念集为 F,则此添加算法如下:

```
AddBelief(F,B)
{
    F'→Extend(F);          /*对 F 进行扩充*/
    foreach φ∈F'do
If φ∈B Then
  B←B-{¬φ};
    B'←Extend(B∪F);        /*对 B∪F 进行扩充*/
    IfConsistent(B')Then
    Return B';             /*若 B' 一致则返回 B'*/
```

```
      Else
  {
  Let{ψ,¬ψ} = ConflictSet(B');
  If ψ ∈ B Then
    Return B - {ψ};
  Else If¬ψ ∈ B Then
  Return B' - {¬ψ};
      Else
      Return error;
  }
}
```

在上述算法中，函数 Extend(F) 的作用是使用动态描述逻辑 DDL 中的领域公理对公式集 F 进行推理和扩充，包括使用 DDL 的基本公理、领域公理以及分离规则，最后返回推理扩充后的公式集。函数 Consistent(B') 用于检测公式集 B' 的一致性，即是否包含冲突，如果有冲突，则函数 ConflictSet(B') 将返回公式集 B' 中的冲突子集。

信念添加算法的主要思想就是在添加信念之前检测信念集 B 中哪些断言公式不再成立，需要删除。通过不断地使用公理和推理规则来检测添加信念后是否有矛盾出现，进而将矛盾排除。可见，在添加信念时信念的一致性检测是十分重要的，其中因果约束公理在推理中起着重要的作用，因为它们将主要作用于那些经常变化的动态关系断言公式。

2）信念删除算法

从信念 B 中删除公式集 D 的算法较为简单，由于从信念中删除部分公式后并不会导出不一致性，只要求信念是完备的即可，因而在信念删除时，首先是同时将信念 B 和删除公式集 D 都通过公理和规则分别进行扩充，得到 B' 和 D'，然后再从信念 B' 中逐一删除出现在 D' 中的公式。在介绍了信念修改的添加和删除两个基本操作之后，下面我们来讨论两种情形的信念修改。从信念修改的范围来看，可以分为两种情形：

（1）信念修改只涉及到关系断言部分，即只需对某些对象的属性或者对象之间的关系进行修改，这种情形是最为普遍的。

（2）另外一种情况是同时涉及到关系断言和概念断言，例如对象的新建、演变或者消失等情形。当新添加了一个对象到 Agent 所在的问题领域中时，首先就会添加该对象属于哪类概念的断言，然后需要添加有关该对象的属性以及与其他对象的关系的断言。这样才能保证 Agent 具有对新建对象的相关知识，同时可以对新产生的对象进行操作。当已有的对象被删除或者自动消失时,除了删除其概念断言之外,还要删除所有与它相关的动态关系断言。

2.4.2　行为能力

Agent 的行为能力通常是指 Agent 能够执行一定的动作并完成一定的任务或者功能,一般就对应于一定的行为实体,即功能模块,这些行为能够实现一定的目标。它一方面指明了 Agent 能够执行哪些类型的动作,另一方面又指出了执行这些动作将得到什么样的结果。Agent 行为能力的表示本质上也是属于主体信念的一部分,但由于它更多地是牵涉到 Agent 的动作以及状态的变化,因此我们单独讨论 Agent 的行为能力。

基于动态描述逻辑中的动作前提公理和后继状态公理,这里给出一种新的动作描述方法,采用了面向对象的思想,既指明了动作执行的前提条件,又反映了动作执行后的整体效果,具有清晰的语义,且操作性强。

定义 2.20:一个动作描述是一个形如 $A(x_1,\cdots,x_n) \equiv \dfrac{P_A}{E_A}$ 的表达形式,其中:

（1）A 为动作名,指示动作表示符;

（2）$A(x_1,\cdots,x_n)$ 为个体变元,指定动作的操作对象,因此也称为操作变元;

（3）P_A 为前提公式集,指定动作执行前必须满足的前提条件;

（4）E_A 为结果公式集,指定动作执行后得到的结果集。

动作描述指明了一类动作的基本特征,包括这类动作所操作对象的基本模式、动作的前提条件和结果,这是一种较为抽象的描述,具体的动作还需要代入具体的操作对象后才成为具体的一个动作。主体的行为能力则也是一种相对较抽象的、需要一种简单抽象的描述,说明 Agent 能够做什么。这正如一般的软件系统那样,需要说明这个软件具有什么样的功能。因此,对于 Agent 的行为能力描述,可以直接基于动作描述来进行表示。

Agent 的行为能力集合 A 是一组动作描述的集合,它表明 Agent 自己能够执行的动作或完成的功能描述。一般地,Agent 知道自己具有什么样的行为能力,即 Agent 所具有的能力都列举在 Agent 的行为能力集合 A 中。判断一个 Agent 是否具有某个能力,通常是采用能力匹配的方式进行,若没有行为能力与给定的能力相匹配,则说明该 Agent 不具有此能力。

2.4.3　目标的表示

Agent 的目标是 Agent 准备努力去实施的动作或者达到某个状态,它驱动

Agent去完成一定的任务,从而为系统或者用户提供相应的服务。通常,Agent 的目标可以分为两种类型,即执行某些动作的目标和达到某种状态的目标。但就最终目的来看,它们都可以归结为达到某种目标状态。下面给出目标集的定义。

定义 2.21:设 A 为所有动作的集合,L 为所有断言公式的集合,则目标集 G 递归定义如下:

(1) $A \subseteq G$,A 中的动作称为基本动作;

(2) 若 $\varphi \in L$,则 achieve(φ) $\in G$;

(3) 若 $\varphi \in L$,则 φ? $\in G$;

(4) 若 $\delta_1, \delta_2 \in G$,则 $\delta_1 ; \delta_2 \in G, \delta_1 \cup \delta_2 \in G, \delta_1 * \in G$。

上述目标集 G 实际上为目标表示语言进行了定义。在目标表示中,A 中的基本动作、达到某目标公式 achieve(φ)、测试动作等都属于基本目标,通过它们的组合可以构造出各种复杂的目标。

通常为了简单化,有时也将 achieve(φ)直接简写为 φ。

定义 2.22:设 δ 为一基本目标,则 δ 的目标公式集 T^δ 定义为以下 3 种情形:

(1) 若 δ 是一个基本动作 α,则 $T^\delta = E_\alpha - P_\alpha$,其中 E_α 为 α 的结果集,P_α 为前提集;

(2) 若 δ 为 achieve(φ)形式,则 $T^\delta = \{\varphi\}$;

(3) 若 δ 为测试动作,则 $T^\delta = \varnothing$。

这里对于基本动作 α,选择 $E_\alpha - P_\alpha$ 作为其目标公式集是因为 α 的结果集 E_α 中可能包含原有的状态公式,它们在动作 α 执行后并没有发生改变,因此不把这些公式列入到目标公式集中。目标公式集的定义是为了方便 Agent 的规划,它体现了目标所要达到的一些状态公式。

1) 目标的生成

Agent 的目标驱动着 Agent 的运行,通过完成一定的目标而提供相应的服务,因此 Agent 可以看作是目标驱动的。但是这些目标从何而来呢? 根据 Agent 的设计以及具体应用领域的不同,Agent 目标的来源各不相同,它有以下几种方式:

(1) 事先指定目标,即在系统设计时或者 Agent 初始化时就已经被定制好了的目标;

(2) 通过观察环境的变化而生成相应的目标,即类似于反应式 Agent 的目标生成方式;

(3) Agent 自动生成目标,这对智能 Agent 的智能性和情感要求更高,许多复杂的情形是现在无法实现的,这里我们暂不作详细讨论。

在设计框架中,则以第 2 种方式为主,并辅以第 3 种方式,即通过与环境的交互来生成 Agent 的目标,同时添加一些目标自动生成策略。下面对目标生成规则进行定义。

定义 2.23:目标生成规则具有如下形式:$\varphi_1, \cdots, \varphi_n \Rightarrow \delta$。

其中,$\varphi_1, \cdots, \varphi_n$ 为断言公式;δ 为目标。其语义为当 $\varphi_1, \cdots, \varphi_n$ 成立时,则 Agent 将生成新目标 δ。

2）目标修改

当 Agent 的某些目标不能实现或者不切合实际时,就需要对 Agent 已有的目标进行修改。例如在某种情形下,可能会禁止某些动作的执行或者实现某个目标,此时就需要放弃该目标;当 Agent 不具有实现该目标的能力时,依据 Agent 的行为原则,它可以考虑尽量部分地实现目标,此时可能就需要对该目标进行适当的修改,修改为 Agent 能够完成的目标。目标的修改主要有以下几种情形:

（1）当 Agent 自身有能力实现某个目标,但在当前的状态下由于部分条件的不满足,Agent 并不能实现该目标,此时 Agent 就需要对目标进行修改;

（2）Agent 自身没有能力实现目标,但可以实现部分子目标,此时可将原目标修改为可实现的子目标;

（3）通过规划,发现给定的目标是不可实现的,此时可以直接将该目标修改为可行的目标,也可以放弃该目标。

2.5　本　体　语　言

本体描述语言起源于人工智能领域对知识表示的研究。本体语言使得用户为领域模型编写清晰的、形式化的概念描述,因此满足以下要求:

（1）良好定义的语法;

（2）良好定义的语义;

（3）有效的推理支持;

（4）充分的表达能力;

（5）表达的方便性。

本体语言主要以如下语言或环境为代表:CycL、知识交换格式（Knowledge Interchange Format,KIF）、Ontolingua、开放知识基互连（Open Knowledge - base Connectivity,OKBC）、可操作概念建模语言（Operational Conceptual Modeling Language,OCML）、框架逻辑（FrameLogic,F - Logic）、LOOM 等。

近年来,随着基于 Web 标准的本体描述语言正成为本体研究和应用的热点,本体语言又包括简单 HTML 本体扩展（Simple HTML Ontology Extension,

SHOE)、本体标记语言(Ontology Marku PLanguage,OML)、基于 XML 的本体交换语言(XML – based Ontology – exchange Language,XOL)、资源描述框架(Resource Description Framework (Schema),RDF(S))、本体推理层(Ontology Inference Layer,OIL)、DAML、DARPA、DAML + OIL 等。

2002 年 7 月,万维网联盟(World Wide Web Consortium,W3C)在 DAM + OIL 基础上发展形成了 OWL 语言,以使其成为国际通用的标准本体描述语言。OWL 建立在 RDF(S)之上,包括:

(1) 使用基于 XML 的 RDF 语法;

(2) 用 RDF 描述来定义实例;

(3) 使用 RDFS 的建模基元。

通过把 OWL 映射到逻辑,使用谓词逻辑和描述逻辑可以提供形式化语义和推理支持。

1. RDF(S)

RDF(S)是 W3C 在 XML 的基础上推荐的一种标准,用于表示任何的资源信息。RDF 提出了一个简单的模型用来表示任意类型的数据。数据类型由节点和节点之间带有标记的连接弧所组成。节点用来表示 Web 上的资源,弧用来表示这些资源的属性。因此,数据模型可以方便地描述对象(或者资源)以及它们之间关系。RDF 的数据模型实质上是一种二元关系的表达,由于任何复杂的关系都可以分解为多个简单的二元关系,因此 RDF 的数据模型可以作为其他任何复杂关系模型的基础模型。W3C 推荐以 RDF 标准来解决 XML 的语义局限。

与 XML 中的标记(tag)类似,RDF 中的属性(property)集也是没有任何限制的。也就是说,存在同义词现象和一词多意现象。RDF 的模型不具备解决这两个问题的能力,而 RDFS 虽然可以为 RDF 资源的属性和类型提供词汇表,但是基于 RDF 的数据语义描述仍然可能存在语义冲突。为了消解语义冲突,在描述数据语义的时候可以通过引用 Ontology 的相关技术,对语义描述结果作进一步的约束。RDF(S)在提供了简单的机器可理解语义模型的同时,为领域化的 Ontology 语言(OIL、OWL)提供了建模基础,并使得基于 RDF 的应用可以方便地与这些 Ontology 语言所生成的 Ontology 进行合并。RDF 的这一特性使得基于 RDF 的语义描述结果具备了可以和更多的领域知识进行交互的能力,也使基于 XML 和 RDF 的 Web 数据描述具备了良好的生命力。

2. DAML 和 OIL

DARPA Agent 标记语言(DAML)项目正式始于 2000 年 8 月,由美国政府支持,目标是开发一种语言和一组工具,为语义互联网提供支持。DAML 形成了

DAML – ONT(本体语言)和 DAML – Logic(表达公理和规则的语言)。

DAML 扩展了 RDF,增加了更多的更复杂的类、属性等定义。DAML 的研究者和 OIL 的研究者开始合作,推出了 DAML + OIL 语言,成为 W3C 研究语言互联网的本体语言的起点。

本体参考层/本体交换语言(Ontology Inference Layer/ Ontology Interchange Language, OIL)是一种针对本体的基于互联网的表现和推理层,是由 the European Union IST programme for Information Society Technologies under the On – To – Knowledge project(IST – 1999 – 1013)and IBROW(IST – 1999 – 19005)资助的,也得到了更广泛的研究者的参与。OIL 综合了 3 个不同团体的工作,提供一种通用的语义互联网的标记语言。这 3 方面的工作分别是:

(1)基于框架的系统。基于框架的语言在 AI 中有很长的历史,其中心建模元语是类(称为框架)和属性(称为槽)。

(2)描述逻辑。描述逻辑的一个重要特征是它们具有良好理解理论性质,并且在描述逻辑中任何表达的含义都可以通过数学的精确的方式描述。OIL 从描述逻辑中继承了形式化语义和有效的推理支持。

(3)互联网标准。这里指的是 XML 和 RDF。OIL 标记语言的语法源自 W3C 的这些标准。

3. OWL

OWL 是从 DAML + OIL 发展起来的,是 W3C 推荐的语义互联网中本体描述语言的标准。OWL 语言是当前本体实现最广泛的本体描述语言。OWL 采用 XML 语言的语法格式对本体进行编码。但是 OWL 不是 XML,并且 OWL 融合了 RDF(S)等多种语言的优势,OWL 与其他语言有如下关系:

(1)XML 提供了一种结构化文件的表层语法(Surface Syntax),但没有对这些文档的含义施加任何语义约束。

(2)XML Schema 是一个约束 XML 文件结构和为 XML 扩充了数据类型的语言。

(3)RDF 是一个关于对象(或资源)和它们之间关系的数据模型,且为该数据模型提供了简单的语义,这个数据模型能够用 XML 语法表示。

(4)RDFS 是一个描述 RDF 资源的属性(property)和类(class)的词汇表,提供了关于这些属性和类的层次结构的语义。

(5)OWL 添加了更多的用于描述属性和类的词汇,例如类之间的不相交性(disjointness)、基数(cardinality)、等价性、属性的更丰富类型、属性特征(例如对称性)以及枚举类。

针对不同的需求 OWL 有 3 个子语言,对语义的兼容、约束和推理提供不同支持。

（1）OWL Lite,则局限于对概念（类）的层次分类和简单的约束等进行描述,提供给只需要一个分类层次和简单约束的用户。支持基数（cardinality）,只允许基数为 0 或 1。

（2）OWL DL,是以描述逻辑为基础,用于支持最强表达能力而需要保持计算完备性（Computational Completeness,即所有的结论都能够确保被计算出来）和可判定性（Decidability,即所有的计算都能在有限的时间内完成）。OWL DL 包括了 OWL 语言的所有语言成分,但使用时必须符合一定的约束。当一个类可以是多个类的一个子类时,它不能是另外一个类的实例。

（3）OWL Full,与 RDF 保持最大程度的兼容,具有最大的表示能力,但不能保证计算性能;支持需要尽管没有可计算性保证,但有最强的表达能力和完全自由的 RDF 语法的用户。一个类可以被同时表达为许多个体的一个集合以及这个集合中的一个个体。

这里利用描述逻辑建立概念间的关系,并采用描述逻辑进行本体推理,所以本体采用 OWL DL 实现。

OWL DL 是以描述逻辑为逻辑基础的本体语言,意味着 OWL 中的类构造算子（类约束）及公理具有与描述逻辑相应地表示。表 2-2 给出了 OWL 中的类构造算子（类约束）与描述逻辑语法的对应关系。通过描述逻辑来表示类与类之间的关系。这些约束可以一个到多个混合使用,来表达类的组成概念。

表 2-2　OWL 类与描述逻辑语法的对应关系

序号	OWL 元素	说　明	描述逻辑语法
1	Thing	根节点（全集）,本体的起始点都由 thing 开始,再展开到其他类	$\top$
2	intersectionOf	类之间具有交集的关系,表示 and 的意思	$C_1 \cap C_2 \cdots \cap C_n$
3	unionOf	类之间具有并集的关系,表示 or 的意思	$C_1 \cup C_2 \cdots \cup C_n$
4	complementOf	类之间具有补集的关系,表示 not 的意思	$\neg\, C$
5	oneOf	枚举类,类可以通过列举组成这个类的所有个体来描述。类的成员正是所列举个体的集合,不多不少	$\{X_1 \cdots X_2\}$
6	someValuesFrom	类中有部分的成员具有下列特性,但不是全部的成员皆有	$\exists P. C$
7	allvalueFrom	类中全部的成员都具有下列特性	$\forall P. C$
8	hasValue	一个属性可以被要求拥有一个特定的个体作为它的值	$P. C$
9	minCardinality	类具有至少 n 个特性,只能超过但不能不足	$\leqslant_n P$
10	maxCardinality	类至多具有 n 个特性,只能少于但不能超过	$\geqslant_n P$

除了关系之外,OWL 对公理提供了很多约束,主要是属性和类的约束,每个类不同的特性都是由属性约束出来,不同的属性约束可表示该类需要呈现的知识。OWL 可表示的属性为数据属性(datatype property)和对象属性(object property),表 2 - 3 是 OWL 公理与描述逻辑语法的对应。

表 2 - 3　OWL 公理与描述逻辑语法的对应关系

序号	公理	说　明	描述逻辑语法
1	subClassOf	一个类是另一类的子类,用于创建类层次结构	$C_1 \subseteq C_2$
2	equivalentClass	两个类可以被声明为等价,即它们拥有相同的实例	$C_1 \equiv C_2$
3	disjointWith	类可以被声明为互不相交	$C_1 \subseteq \neg\, C_2$
4	sameIndividualAs	两个个体声明为相同	$\{X_1\} \equiv \{X_2\}$
5	differentFrom	一个个体可以声明为与其他个体不同	$\{X_1\} \equiv \neg\, \{X_2\}$
6	subPropertyOf	某属性是另外一个或多个属性的子属性,以建立属性层次	$P_1 \subseteq P_2$
7	equipmentProperty	两个属性也可以被声明为等价。相互等价的属性将一个个体关联到同一组其他个体。它也可以被用来创建同义属性	$P_1 \equiv P_2$
8	inverseOf	一个属性是另一个属性的逆属性	$P_1 \equiv P_2^-$
9	transitive	属性声明为传递	$P^+ \subseteq P$
10	symmetric	属性声明为对称	$P_1 \equiv P_1^-$
11	functional	属性声明为只有唯一值	$T \subseteq_{\leqslant 1} P$
12	inverseFunction	如果一个属性被声明为反函数型的,则意味着它的逆属性是函数型的	$T \subseteq_{\leqslant 1} P^-$

这 3 种子语言与 RDF 的关系是:

(1) OWL Full 可以看成是 RDF 的扩展;

(2) OWL Lite 和 OWL Full 可以看成是一个约束化的 RDF 的扩展;

(3) 所有的 OWL 文档(Lite、DL、Full)都是一个 RDF 文档;

(4) 所有的 RDF 文档都是一个 OWL Full 文档;

(5) 只有一些 RDF 文档是一个合法的 OWL Lite 和 OWL DL 文档。

在使用 OWL Full 而不是 OWL DL 时,推理的支持不可预测,因为目前还没有完全的 OWL Full 的实现。

2.6 OWL DL 的形式化基础

OWL DL 所考虑的类、数据类型、对象属性、数据类型属性、个体(individual)、数据值、本体属性和注释属性是严格区分的,定义如下:

定义 2.24:在 OWL DL 中,设集合 $E = \{$所有类的集合,所有数据类型的集合,所有对象属性的集合,所有数据类型属性的集合,所有个体的集合,所有数据值的集合,所有本体属性的集合,所有注释属性的集合$\}$,则:

$$\forall A, B \in E \text{ 且 } A \neq B \Rightarrow A \cap B = \varnothing \qquad (2-14)$$

OWL DL 所考虑的类、数据类型、对象属性、数据类型属性、个体和数据值可以分别对应描述逻辑所考虑的概念(concept)、具体域(concrete domain)、角色(role)、特征(feature)、个体(individual)和值(value in a concrete domain)。在 OWL DL 中,本体属性(ontology property)描述本体的版本、兼容性等。注释属性(annotation property)可以提供一些注释信息,但两者都不会对领域知识进行描述。所以,此处不把这两个特殊的属性对应到描述逻辑中去。

设 A 表示一个原子概念,C 表示一个概念描述,原子概念和概念描述都是概念;D 表示一个具体域;R 表示一个原子角色,S 表示一个角色描述,原子角色和角色描述都是角色;F 表示一个特征;a 表示一个个体;v 表示一个值。给出描述逻辑中解释的定义如下:

定义 2.25:在描述逻辑中,解释 $I = \{\Delta^I, \Delta^D, \cdot^I\}$,$\Delta^I$ 是一个非空集合(包含所讨论领域中的所有个体);Δ^D 是一个非空集合(包含所讨论领域中的所有数据值);$\cdot^I$ 是一个解释函数,将每个原子概念 A 解释成一个集合 $A^I(A^I \subseteq \Delta^I)$,每个具体域 D 解释成一个集合 $D^I(D^I \subseteq \Delta^I)$,每个原子角色 R 解释成一个二元关系 $R^I(R^I \subseteq \Delta^I \times \Delta^I)$,每个特征 F 解释成一个二元关系 $F^I(F^I \subseteq \Delta^I \times \Delta^D)$,每个个体 a 解释成一个元素 $a^I(a^I \in \Delta^I)$,每个值 v 解释成一个元素 $v^I(v^I \in \Delta^D)$。

由于概念描述是从原子概念和原子角色开始,使用概念构造器归纳定义所得,所以对原子概念和原子角色作解释后,自然就得到了概念描述的解释,且原子概念也是一种概念描述;由于角色描述是从原子角色开始,使用角色构造器归纳定义所得,所以对原子角色作解释后,自然就得到了角色描述的解释,且原子角色也是一种角色描述。

描述逻辑中解释的另一个定义如下:

定义 2.26:在描述逻辑中,解释 $I = \{\Delta^I, \Delta^D, \cdot^I\}$,$\Delta^I$ 是一个非空集合(包含所讨论领域中的所有个体);Δ^D 是一个非空集合(包含所讨论领域中的所有数据值);$\cdot^I$ 是一个解释函数,将每个概念 C 解释成一个集合 $C^I(C^I \subseteq \Delta^I)$,每个具体域 D 解释成一个集合 $D^I(D^I \subseteq \Delta^D)$,每个角色 S 解释成一个二元关系 S^I $(S^I \subseteq \Delta^I \times \Delta^I)$,每个特征 F 解释成一个二元关系 $F^I(F^I \subseteq \Delta^I \times \Delta^D)$,每个个体 a 解释成一个元素 $a^I(a^I \in \Delta^I)$,每个值 v 解释成一个元素 $v^I(v^I \in \Delta^D)$。

2.6.1　OWL DL 刻画类

1. 类描述

OWL DL 提供 6 种类型的类描述,分别是:

(1) 类标识符;

(2) 枚举;

(3) 属性限制;

(4) 两个或两个以上类描述的交;

(5) 两个或两个以上类描述的并;

(6) 类描述的补通过使用类描述的构造器,可以归纳定义复杂的类。

1) 类标识符

OWL DL 可以通过使用类标识符来声明类,等同于在描述逻辑中声明概念 C,在解释 I 下,$C^I \subseteq \Delta^I$。特别地,OWL DL 中定义了类 Thing 和 Nothing,分别等同于描述逻辑的概念⊤和⊥,在解释 I 下,

$$\top^I = \Delta^I,\ \perp^I = \varnothing \qquad (2-15)$$

2) 枚举

OWL DL 可以通过使用 oneOf 以枚举类中所有个体来声明类,等同于描述逻辑中声明概念 $\{a_1, a_2, \cdots, a_n\}$,其中,$a_1(1 \leqslant i \leqslant n)$ 是个体,在解释 I 下,

$$\{a_1, a_2, \cdots, a_n\}^I = \{a_1^I, a_2^I, \cdots, a_n^I\} \qquad (2-16)$$

3) 属性限制

OWL DL 的属性限制可分为值限制和基数限制。

OWL DL 可以通过使用 all ValuesFrom、someValuesFrom、hasValue 来声明类,该类的某个特定属性(对象属性或数据类型属性)被限定的取值范围,分别等同于描述逻辑中声明概念 $\forall S.C$、$\exists S.C$、$\exists S.\{d\}$。其中,S 是角色或特征,C 是概念或具体域,d 是个体或值。在解释 I 下,

$$(\forall S.C)^I = \{a \in \Delta^I \mid \forall b, (a,b) \in S^I \rightarrow b \in C^I\} \qquad (2-17)$$

$$(\exists S.C)^I = \{a \in \Delta^I \mid \exists b, (a,b) \in S^I \wedge b \in C^I\} \qquad (2-18)$$

$$(\exists S.\{d\})^I = \{a \in \Delta^I \mid \exists b, (a,b) \in S^I \wedge b \in \{d\}^I\}$$

$$= \{a \in \Delta^I \mid \exists d^I, (a, d^I) \in S^I\} \tag{2-19}$$

OWL DL 可以通过使用 maxCardinality、minCardinality、cardinality 来声明类，该类的某个特定属性（对象属性或数据类型属性）被限定取不同值的数量，分别等同于描述逻辑中声明概念 $\leq_n S$、$\geq_n S$、$\leq_n S$、$\geq_n S$。其中，n 是非负整数，S 是角色或特征。在解释 I 下，

$$(\leq_n S)^I = \{a \in \Delta^I \mid |\{b \mid (a, b) \in S^I\}| \leq_n\} \tag{2-20}$$

$$(\geq_n S)^I = \{a \in \Delta^I \mid |\{b \mid (a, b) \in S^I\}| \geq_n\} \tag{2-21}$$

$$(\leq_n S \cap \geq_n S)^I = \{a \in \Delta^I \mid |\{b \mid (a, b) \in S^I\}| = n\} \tag{2-22}$$

4）两个或两个以上类描述的交

OWL DL 可以通过使用 intersectionOf 来声明类，该类是两个或两个以上类的交，等同于描述逻辑中声明概念 $C_1, C_2, \cdots, C_n$，其中 $C_i (1 \leq i \leq n)$ 是概念。在解释 I 下，

$$(C_1, C_2, \cdots, C_n)^I = C_1^I \cap C_2^I \cap \cdots \cap C_n^I \tag{2-23}$$

5）两个或两个以上类描述的并

OWL DL 可以通过使用 unionOf 来声明类，该类是两个或两个以上类的并，等同于描述逻辑中声明概念 $C_1, C_2, \cdots, C_n$，其中 $C_i (1 \leq i \leq n)$ 是概念。在解释 I 下，

$$(C_1, C_2, \cdots, C_n)^I = C_1^I \cup C_2^I \cup \cdots \cup C_n^I \tag{2-24}$$

6）类描述的补

OWL DL 可以通过使用 complementOf 来声明类，该类是某个类的补，等同于描述逻辑中声明概念 $\neg C$，其中，C 是概念。在解释 I 下，

$$(\neg C)^I = \Delta^I / C^I \tag{2-25}$$

2. 类公理

OWL DL 可以通过使用 subClassOf（RDFS 中定义的）、sameClassAs、disjointWith 将类组合成类公理，定义了两个类间的子类、等价、不相交关系，分别等同于描述逻辑中的 $C \subseteq D$、$C \equiv D$、$C \subseteq \neg D$。其中，C、D 是概念，在解释 I 下，

$$C \subseteq D \text{ 为真，当且仅当 } C^I \subseteq D^I \tag{2-26}$$

$$C \equiv D \text{ 为真，当且仅当 } C^I \equiv D^I \tag{2-27}$$

$$C \subseteq \neg D \text{ 为真，当且仅当 } C^I \subseteq (\neg D)^I (\text{即 } C^I \cap D^I = \varnothing) \tag{2-28}$$

2.6.2 OWL DL 刻画属性

OWL DL 的属性分为对象属性（object property）和数据类型属性（datatype

property)两大类,对象属性联系个体到个体,数据类型属性联系个体到数据值。

1. 属性约束

OWL DL 可以通过使用 domain(RDFS 中定义的)来约束属性,等同于描述逻辑中声明角色或特征 S 满足约束 $\geqslant_1 S \subseteq C$,其中,$C$ 是 domain 所要求的类在描述逻辑中对应的概念,在解释 I 下,

$$\geqslant_1 S \subseteq C \text{ 为真,当且仅当} (\geqslant_1 S)^I = \{a \in \Delta^I \mid |b| (a,b) \in S^I | \geqslant_1\} \subseteq C^I$$

$$(2-29)$$

OWL DL 可以通过使用 range(RDFS 中定义的)来约束属性,等同于描述逻辑中声明角色或特征 S 满足约束 $\geqslant_1 S \subseteq \forall S.C$。其中,$C$ 是 range 所要求的类在描述逻辑中对应的概念或 range 所要求的数据类型在描述逻辑中对应的具体域。在解释 I 下,

$$\geqslant_1 S \subseteq \forall S.C \text{ 为真,当且仅当}$$
$$(\geqslant_1 S)^I = \{a \in \Delta^I \mid |b| (a,b) \in S^I | \geqslant 1\}$$
$$\subseteq \{a \in \Delta^I \mid \forall b, (a,b) \in S^I \rightarrow b \in C^I\} = (\forall S.C)^I$$

$$(2-30)$$

OWL DL 可以通过使用 FunctionalProperty 来声明一个属性是函数属性,等同于描述逻辑中声明角色或特征 S 满足约束 $\leqslant_1 S$,在解释 I 下,

$$\leqslant_1 S \text{ 为真,当且仅当} \Delta^I \subseteq \{a \in \Delta^I \mid |b| (a,b) \in S^I | \leqslant 1\} \quad (2-31)$$

OWL DL 可以通过使用 InverseFunctional Property 来声明一个对象属性是反函数属性,等同于描述逻辑中声明角色 S 满足约束 $\leqslant_1 S^-$,在解释 I 下

$$\leqslant_1 S^- \text{ 为真,当且仅当} \Delta^I \subseteq \{a \in \Delta^I \mid |b| (a,b) \in (S^-)^I | \leqslant 1\} \quad (2-32)$$

OWL DL 可以通过使用 TransitiveProperty 来声明一个对象属性是传递属性,等同于描述逻辑中声明角色 S 满足约束 $S \circ S \in S$,在解释 I 下,

$$S \circ S \in S \text{ 为真,当且仅当} (S \circ S)^I \subseteq S^I,\text{其中}$$
$$(S \circ S)^I = \{(a,c) \in \Delta^I \times \Delta^I \mid \exists b, (a,b) \in S^I \wedge (b,c) \in S^I\}$$

$$(2-33)$$

OWL DL 可以通过使用 SymmetricProperty 来声明一个对象属性是对称属性,等同于描述逻辑中声明角色 S 满足约束 $S \equiv S^-$,在解释 I 下,

$$S \equiv S^- \text{ 为真,当且仅当} S^I = (S^-)^I \quad (2-34)$$

2. 构造属性

OWL DL 可以通过使用 inverseOf 来构造一个对象属性,该对象属性是某个对

象属性的逆,等同于描述逻辑中声明一个角色 R^-,其中,R 是角色,在解释 I 下,

$$(R^-)^I = \{(b,a) \in \Delta^I \times \Delta^I \mid (a,b) \in R^I\} \quad (2-35)$$

3. 属性公理

OWL DL 提供了 subPropertyOf(RDFS 中定义的)、samePropertyAs,将属性组合成属性公理,定义了两个属性间的子属性、等价关系,分别等同于描述逻辑中的 $S \subseteq R$、$S \equiv R$。其中,S、R 是角色或特征,在解释 I 下,

$$S \subseteq R \text{ 为真,当且仅当 } S^I \subseteq R^I \quad (2-36)$$
$$S \equiv R \text{ 为真,当且仅当 } R^I = S^I \quad (2-37)$$

2.6.3 OWL DL 刻画个体

OWL DL 可以声明个体属于某个类、个体通过某个对象属性和另一个个体相关联、个体通过某个数据类型属性和一个数据值相关联,分别等同于描述逻辑中的 $C(a)$ 和 $S(a,b)$。其中,C 是概念,S 是角色或特征,a 是个体,b 是个体或值。在解释 I 下,

$$C(a) \text{ 为真,当且仅当 } a^I \in C^I \quad (2-38)$$
$$S(a,b) \text{ 为真,当且仅当 } (a^I, b^I) \in S^I \quad (2-39)$$

OWL DL 可以通过使用 sameIndividualAs、differentFrom 定义两个个体间的等价、不等价关系,分别等同于描述逻辑中的 $\{a\} \equiv \{b\}$、$\{a\} \in \neg \{b\}$。其中,a 和 b 都是个体。在解释 I 下,

$$\{a\} \equiv \{b\} \text{ 为真,当且仅当} \{a\}^I = \{b\}^I (\text{也就是 } a^I = b^I) \quad (2-40)$$
$$\{a\} \in \neg \{b\} \text{ 为真,当且仅当} \{a\}^I \in \Delta^I / b^I (\text{也就是 } a^I \neq b^I) \quad (2-41)$$

OWL DL 还提供 AllDifferent 来声明多个个体间两两不等的关系,可将多个 differentFrom 组合起来表示 AllDifferent 要表示的关系,对应在描述逻辑中,组合使用 $\{a\} \in \neg \{b\}$ 即可。

综合上述对 OWL DL 的分析可知,OWL DL 的各个基本元素均有相应的描述逻辑形式,可以使用描述逻辑作为 OWL DL 的形式化基础,以描述逻辑的语义解释 OWL DL 的各个基本元素,从而可以将描述逻辑领域研究的大量成果应用到 OWL DL 上来,为研究 OWL DL 的知识表达能力和推理奠定基础。

2.7 小 结

本章主要对本体相关的基础知识和技术进行了介绍。包括以下内容:本体

是对概念及概念间关系的明确、规范的表达，这种表达可以在领域内被共享。Perez 形式化是当前利用比较普遍的本体形式化方法。本体能够进行推理的核心是逻辑，描述逻辑是支持本体推理的重要工具。本体的实现在于采用的语言类型，OWL 是当前国际上普遍认可的本体实现语言。以上都是本体建模的主要内容。本体建模的另外两个重要方面——建模方法论和时空本体建模将在后面两章介绍。

第 **3** 章

军事领域本体建模方法

本体建模中的概念提取、完善,领域知识的构建和描述,采用的建模方法等都极大影响本体所要表达的内容。本章首先介绍本体建模的一般方法,然后介绍面向对象的、采用 UML 的本体建模方法。随后对军事领域知识进行分析论述,并介绍军事本体的建模过程,以期对 CGF 的本体建模方法提出指导。

3.1 本体建模方法论

本体作为人为设计的关于某个领域的概念模型的一种表示。目前,其指导或评价本体设计需要依据一定的原则,其基本准则有:

(1)明确性,即本体应该用自然语言对所定义术语得出客观的、完整的语义定义。"客观"是指,尽管本体的概念来自于社会环境或计算需求,但其定义应当脱离社会和计算背景;"完整"是相对于局部的,由必需的和充足的条件定义。

(2)一致性,即由术语得出的推论与术语本身的含义是相容的。

(3)可扩展性,本体设计应提前考虑使用共享字典,即向本体中添加通用或专用的术语时,不需要修改其已有的内容。

(4)最小编码偏差,概念化应当规范在不依赖特定符号编码的知识层次,因为知识共享型 Agent 可能在不同的表示系统以不同的表示方式实现。

(5)最小本体承诺,本体应当对建模的世界采用尽可能少的声明,以允许使用本体的组织可以在需要的时候自由规范和初始化本体。

本体开发方法包括：

（1）骨架法，过程包括：确定本体应用的目的和领域、本体分析、本体表示和本体评估。

（2）评估法，过程包括：设计动机、非形式化问题能力、术语规范化、形式化问题能力、形式化公理和完备性。

（3）Bernaras 法，过程包括：应用说明、相关本体重用、本体构造。

（4）METHONTOLOGY 法，过程包括：项目管理、开发和维护 3 个阶段，每个阶段有不同的步骤与之对应。

（5）SENSUS 法，过程包括：定义"种子"术语，将种子术语与 SENSUS 术语链接，找出种子术语到 SENSUS 根路径上的所有概念，增加未出现概念、启发式思维找出领域全部术语。

由于本体的层次性以及顶层本体的通用性和领域知识的专业性，构建本体的过程需要综合考虑需求、通用和专业等多种因素，一般借鉴软件工程的方法，包括以下步骤：

（1）需求分析——确定本体的目的和使用范围；

（2）模型重用——已有本体的集成和复用；

（3）模型定义——本体捕获；

（4）编码——对本体代码进行编辑，可以借助开发工具；

（5）检验——测试、验证与评估；

（6）应用——将本体用于具体的实际应用。

上述过程是反复迭代的过程，需要根据需求不断进行更新、修改和调试。

与上述过程相似，军事领域本体建模包括 5 个步骤：

（1）领域及任务分析。对军事领域来说，不同的仿真层次所需构建的概念模型也大不相同。

（2）确定需要建立的领域模型，包括实体、过程、交互等，并以建模和仿真人员易于理解的形式对它们进行描述。

（3）形式化描述概念模型。根据第 2 步中给出的领域模型描述，按上述表示体系和方法得出形式化表示的概念模型，要求是规范无歧义的。

（4）模型验证。经过验证的模型才能成为可重用的共享资源。

（5）模型入库。由资源库对模型实施统一的管理，便于其检索、添加、修改等，在后面的仿真建模中调用就更加方便。

此开发过程模型规定了领域概念建模过程中所必需的活动和过程，以及每一个活动需要的前提条件和输出结果，为军事知识体系的构建提供了通用性的步骤，从而便于开发的管理和组织，最大限度地避免在开发过程中延误进度现象的发生。

3.2　面向对象的本体建模

本体建模过程参考了软件工程过程、方法。所以，采用与软件工程面向对象的方法，对领域本体进行建模是目前常用的一种方法。通过面向对象的本体建模，本书确立采用基于 UML 的本体概念与关系表示方法。

1. 面向对象建模与本体建模

OWL 是用于本体描述的语言，UML 是用于面向对象（Object – Oriented，OO）建模的语言。通常计算机处理中把本体模型和 OO 模型看作不同的模型，因此用不同的语言来刻画它们。其实，这两者之间既有不同点，也有共同点。本体模型和 OO 模型之间的不同点在于：

（1）两者的建模目的不同。OO 模型是抽象的，用于消除和简化不必要的概念与关系，只遴选必要的知识来解决某个特定的问题。本体模型在于知识表达，往往需要囊括一个领域中所有的知识，强调知识的完备性。由于知识总在发展变化，因此本体建模是个不断完善的过程，这要求本体的开发工具能支持本体的持续更新和相互引用。

（2）OO 模型用于在软件系统开发时，创建精确、具体的实例；本体模型则关注的是概念层的问题。虽然能说明某个事实，但却不具体指导软件开发中元素的建立。本体的"实例"可能仅仅是一种观点，并且关于某个"实例"的多种观点可能共存于该本体之中，虽然多种观点相互并不矛盾。

本体模型和 OO 模型之间的相同点在于：两者都是表达现实世界中可以用来处理的概念；两者都建立在类/概念和关系之上，比如子类和聚合关系。无论是本体还是面向对象思想，都是为了得到在某个领域上的可重用的模型。

同一个领域的本体模型和 OO 模型的相似性是 UML 有效开发本体的基础。但本体模型和 OO 模型的差异导致 UML 在一些方面不适于进行本体建模。

领域专家可以利用本体建模的方法形式化的本体属性或关系等，对某个领域的经验与认识加以本体化的改造，得到符合要求的本体模型。但从一个高层次的抽象本体模型很难转换成一个在实际应用中用得到的模型，所以必须由面向对象建模专家对领域专家建立的本体模型用面向对象的语言重新构造后，实现本体到 OO 模型的转换。

2. UML 用于本体建模的优势

UML 是对象管理组织(Object Modeling Group,OMG)发起的面向对象的标准建模语言,在信息和概念的工程化建模方面取得了很好的应用效果,成为软件开发的工业标准。本体中的基本组成元素是概念,从分析整理一个领域中的知识和知识应用的范围角度来看,传统本体的树形概念图是半结构化的,在模型的描述能力和构造能力方面不强。如果将本体模型中的概念视为对象,将对象作为本体模型的基本元素,那么概念就可具有对象的结构。利用 UML 的抽象类建模作为桥梁,可以建立本体对象模型的框架。使用 UML 进行本体建模有以下几个特点:

(1)和形式化的描述逻辑不同,UML 提供了标准的图形表示来建立本体模型。这种图形表示方法能够方便开发人员浏览一个本体并从中找到其想要了解的概念。相反,描述逻辑包含线性语法,但没有图形表示。另外,OMG 为 UML 框图的共享建立了一个规范,该规范基于 XML。

(2)由于 UML 是抽象的模型语言,用 UML 建立的本体模型和系统的编程语言无关。

(3)UML 包含了关系约束语言——对象约束语言(Object Constraint Language,OCL)。OCL 功能很强,可以任意定义模型实例的约束,这是描述逻辑所做不到的。

(4)虽然目前有很多形式化的知识表示语言也提供了图形化工具,但 UML 是唯一具有严密、高层次、标准化图形符号和强大的商业支撑工具的表示语言。

(5)UML 有着庞大并且在急剧增长的用户群。分布式复杂应用系统的开发者对 UML 的熟悉程度要远远高于 KIF 或描述逻辑。

就层次结构而言,UML 中的概念层、结构层、实现层分别与本体模型中某些部分相对应。

(1)UML 概念层建模:概念层建模使用 UML 的抽象类建模,或者使用抽象角色建模方法,能够描述抽象的静态本体模型。

(2)UML 结构层建模:UML 结构层建模使用类(Class)建模方法,主要描述构造的静态本体模型、本体对象的层次,本体对象的属性、元属性及其约束、对象之间的约束关系等。

(3)UML 实现层建模:UML 实现层建模使用例示对象模型、协调图模型、顺序图、活动图模型等建模方法。能够描述实现的静态本体模型和动态本体模型。

所以,将 UML 应用于本体建模是实现面向对象的本体建模的有效途径,具有以下优势:

（1）熟悉 UML 的用户可以利用现有的大量 UML 模型、模式和 UML 工具熟练地进行本体建模；

（2）可以为本体开发的整个生命周期（分析、设计、实现、测试及配置）提供工程化支持，从而保证本体存储和访问的一致性，有利于本体之间的交互；

（3）UML 对本体进行建模不仅能支持现有的 OWL、KIF 等知识表示语言，而且还能支持将来有可能出现的其他知识表示语言。

3. 规范本体对象建模的方法

根据上述分析，在明确本体建模与 OO 建模机制差异的基础上，可以进一步建立用 UML 对本体进行建模的建模机制。

本体模型中概念间的关联用关系对象来描述。在本体对象建模方法中，对象之间的复杂关系可以定义描述成关系对象。因此，本体对象模型允许使用关系对象模型描述本体对象之间的关系。从本体对象之间的关系来看：

（1）本体对象之间存在着抽象与继承、聚集、组合的关系；

（2）纵向关系有：is - a, kind - of, part - of（某个类是其他若干类的交集或者并集）；

（3）横向关系有：某个类是另一类的等同集、反集、补集；

（4）本体对象之间的语义约束关系如同等性、交换性、对称性、逆反性、可传递性、有序性；

（5）对象类之间的逻辑关系，如 caused - by, used - by, interact - with, collaborate - with, supervised - by, writer - by 等。

图 3 - 1 表示了"本体描述的 UML 模型"中所需要最基本的元素以及这些元素之间的基本关系，描述了本体描述的 UML 元模型中最重要的一部分，共有两个。第一个图表示一个本体描述由 $0 \sim n$ 个 Element 聚集而成，每个 Element 有若干个属性，这些属性分别有各自的数据类型。BackwardCompatibleWith 关联表示引用的本体对象是该本体描述以前的版本，现在的版本是否兼容它。IncompatibleWith 刚好相反，表示引用的本体对象是该本体描述之后的版本，两个版本的本体是否兼容。很明显，对于两个本体来说，只需要选取这两个关联中的一个就可以。Import 关联表示本体可以包含另外的本体，并且这种包含关系是可以传递的，比如本体 A 包含 B，B 又包含 C，那么 A 包含 C。RelatedOntologyPropeity 记录了当前这个本体对象和其他的某些本体对象发生的关联，比如多个本体之间会相互引用对方的元素。第二个图表示了本体中的 Element 这个类和其他类之间的关系。Element 由很多 Class 泛化而成，而 Class 又是一种 Thing，这样也很明显地把 OWL 中的 Thing 这个概念和面向对象中的概念联系起来。Class 也是由很多 Restriction 类泛化而来，而 Class 与 Class 之间的关系又

包括 complementOf、intersectionOf、unionOf,分别表示补充、交叉、联合的关系。此外,还有关于图中涉及到的 URI Reference 数据类型,约束类 Restriction 以及其他的关联类包含在其他的几个包中。

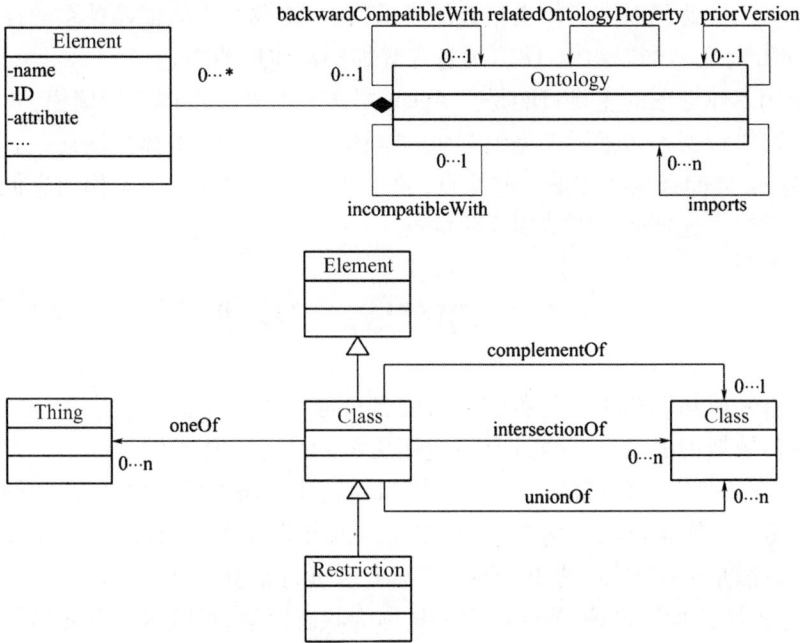

图 3 - 1   OO 本体元模型

4. 基于 UML 的 MAS 领域本体建模

UML 在 MAS 的领域本体建模方面也非常具有潜力,特别是 UML 的类图为定义领域本体中的实体以及实体之间的关系提供了丰富的图形符号,使利用面向对象方式来进行本体建模成为可能。

通过扩展 UML 的类图来实现对本体的建模,这里称这个模型为本体模型框图,即本体模型框图中的元素和该本体的语义相关联。对本体模型框图做如下的约定:

(1)Agent 的环境通过一个本体来表示,本体对实体和实体间的关系进行描述。

(2)本体模型框图和 UML 的类图相似,采用类图中定义的元模型。

(3)实体类通过公有属性来描述,不包含私有和保护型属性。

(4)本体框图中的实体类是在 Agent 的抽象层次上,和系统的具体实现没有直接的关系。

（5）在本体模型框图中定义了 3 种关系,即关联关系（Association）、聚合关系（Aggregation）和泛化关系（Generalization）,都是从 UML 的类框图继承下来的。实体类之间的关联可以看作 Agent 用来建立领域知识的谓词。

（6）为了达到对类实体更精确的表示（比如对属性之间依赖关系的描述）,采用 OCL 对实体加以约束,OCL 通过注释加到本体框图中。

使用本体框图的主要目的是在 Agent 层次上对领域本体进行建模,MAS 架构人员可以根据本体框图来得到有用的本体描述。另外,本体框图还包含了对支持 Agent 之间通信所需的一些特点,通过把实体类之间的关系作为它们之间的谓词逻辑来处理便可以实现这些特点。

3.3 军事领域知识描述

军事领域知识描述作为各领域研究基础应当不考虑具体的应用环境。所以军事领域知识描述也同样具有与应用无关的特点。从本体设计和开发角度看,军事知识是军事领域的上层本体,应当为具体应用提供通用、广泛的知识的构造和定义。军事领域包含多方面、多层次的知识和概念,目前应用比较广泛的表示方法是采用实体、动作、任务、交互方法进行军事领域概念描述。概括地说,实体由属性加以描述,属性的表征量称为状态变量,系统内所有实体的状态构成了系统的状态。实体改变某一状态的持续过程称为动作。由实体执行的具有明确意义的一个或多个动作的过程称为任务。而实体间在某种条件和需求下发生的相互作用称为交互。但是,这种方法并没有包括军事领域的所有知识类型,如交战规则、关系、范例等。

1. 实体及其关系的描述

在 CGF 中,实体表示具有独立行为能力或能够独立完成某项任务的可辨识的一切主体和客体,如作战人员、武器装备（平台）、作战部队（编队）、指挥机构、人工设施等（某些情况下,可以将自然环境中的特征定义为实体）,是系统描述的核心要素。描述实体特征的项目称为属性和行为能力。一般来说,CGF 中的实体属性主要包含五大类:

（1）基本属性,例如实体标识、实体特征（名称、级别、关系、联系、功能、特性、性质）等。

（2）空间属性,一是外观表现特征,如几何空间的位置、实体大小等;二是性质表现特征,如物理属性等。

（3）行为属性,是实体的行为、运动特性指标,例如实体火力、机动速度、行为限制等。

（4）任务属性,描述实体执行的任务内容和程度,例如任务的类型、目标、要求、规则以及目前执行的程度等。

（5）效能属性,是根据任务对实体的能力描述,描述实体的作用。

而各类实体间则存在着大致 3 种相互关系:

（1）分类结构关系,用于描述各类实体的类属层次关系;

（2）组合结构关系,用于描述一个实体及其组成部分的关系;

（3）关联关系,描述了两个实体活动过程中可能发生的相互作用,包括邻接关系、控制关系、指挥关系、组织关系、支持关系、供应关系、协作关系、占有关系、占领关系、拥有关系、对抗关系、操作关系等。

2. 实体动作描述

动作是由实体的人力或自然力产生一个事件而引起系统状态的变更或转换的过程,实体能够做出最小的具体行为。当然,对动作的选择也取决于仿真的层次,不同的层次和不同的系统目标,所区分和选择的动作是不一样的。例如研究编队进攻,可能的动作是"火力准备"、"突击"等,而不会去研究单个作战平台或单元的"射击"等动作。

动作描述应给出的内容包括:

（1）动作名,即动作名称;

（2）语义,即对该动作执行的权威而准确的表述定义;

（3）使用条件,即动作的使用场合和必不可少的基本条件;

（4）适用对象,即能执行本动作的单位;

（5）输入条件,即动作触发的关键性条件;

（6）动作方式,即描述动作的方式及规则;

（7）动作影响因素,描述动作受到的影响限制;

（8）结束条件,即不能执行或不执行此动作的基本条件,输出结果即状态和结果等。

3. 交互描述

交互是由一个实体产生的作用与另一个实体的一组影响因素。它实际上指的是多个实体之间相互作用的效果,而动作则是作用的过程。事实上,在动作和目标实体确定后,交互方式就隐含在动作之中。在战争系统中,每一个实体与实体之间的行动最终都会转化为物质、能量和信息的交换,从而发生相互作用。据此,交互可以分为物理交互和信息交互两大类型,如攻击类、补给类、信息交换类等。一般情况下,模型对交互的处理模式是一样的,即:第一,主动实体发出一个交互;第二,被动实体接受一个交互;第三,双方根据交互的完成情况计算结果。

1）物理交互

交互的描述大致包括交互名、交互的发送者、交互的接收者、交互内容等几大项。但交互的内容和参数需要根据实际情况、实际要求具体确定。例如，"攻击类"交互的内容则应根据攻击效果判断的需要来确定，参数包括攻击实体本身的效能、作战条件、交战方式等。"补给类"交互的内容包括物资的种类、数量等，也可以由主动实体直接修改被动实体的相应物资的属性。

2）信息交互

在以往的作战仿真中信息交互主要包括 3 种：命令、请求和报告。信息的内容可以按一定的格式进行定义，相当于给出了信息交互的语法格式，从而为交互的自动处理提供了语法基础。

4. 规则描述

军事领域的很多知识可以采用基于规则的方法进行表示。特别是在战术作战层次，很多战术和条令可以采用规则方式进行表示，从而使作战兵力能够更为自主地采取行动。再加上信息化条件下的战场态势共享，则作战就能够以自同步的方式进行。

利用规则来表示知识，主要分为两部分。第一部分是条件，即前件；第二部分是结果，即要采取的动作。如果前件与已知的事实相匹配，那么就执行规则的结果。一般可表示为：if P then C，其中 P 是指规则的前提，C 是指在 P 成立的条件下可以得到的结论或可以执行的操作。

为了表示方式规范化的考虑，规定前提和规范都是合取式，而其每个原子项都是 $C(x)$ 或 $R(x,y)$ 的形式。而 $C(x)$ 表示 x 是类 C 的一个实例，而 $P(x,y)$ 表示 x 与 y 之间有关系 R。下面仍以例子的方式对规则的表示方法进行说明。假设在空战中有这样一条规则：

如果我方飞机被敌导弹锁定，则实施电子干扰。

这条规则中涉及导弹类实体以及飞机和导弹的"锁定"关系，飞机的干扰方案则是根据导弹的制导方式确定，在这里笼统地表示为"干扰"计划，这些概念在领域本体中定义。其表示方式如图 3-2 所示。

5. 过程描述

过程是指为完成某个目标而执行的动作序列，它具有明确的意图和目的。由于实际作战过程纷繁复杂，不可能将所有的行动过程一一描述。而是根据系统需要，建立基本的实体行动模型，然后再根据任务需求组合成相应的行动过程。过程的描述一般应包括如下内容：

```
<Rule>
<xuleID href="#AttackedByMissile"/>
<body>
    <Object name="HostileMissile"><var>x</var></Object>
    <Relation name="LockedBy">
     <var>x</var>
    </Relation>
</body>
<head>
    <plan name="Jamming">
     <MissileType datatype="Enum">"Infrared-Guiding"</MissileType>
    </plan>
</head>
</Rule>
```

图 3 - 2　规则描述示例

（1）过程的基本描述、触发条件、执行必要条件、结束条件、中止条件,这提供了整个过程的一般性描述和控制规则;

（2）确定构成此过程的动作及动作的执行实体、目标实体等;

（3）各个动作执行的明确流程。

过程的表示只需描述到能够满足系统目标的抽象程度即可。也就是说,过程定义主要包括 3 类信息:

（1）过程的描述性信息和控制信息,包括基本描述、激发条件、上下文条件和退出条件等;

（2）过程相关的活动定义,包括原子活动和复合活动;

（3）活动间的转换条件,定义了活动执行的时序关系。

3.4　军事领域本体构建过程

概念本体和属性本体的定义在军事训练领域中引进本体建立军事本体,军事本体又称为军事知识本体。军事本体有两个层次:

（1）军事领域本体,是对军事领域的概念结构进行整体刻画;

（2）概念本体和属性本体。

实际上是构建军事本体的框架和概念(属性)的划分。

可以定义军事本体是一个六元组:$O = \{C, P, A, H^c, \text{prop}, \text{att}\}$。其中:$C$ 表示军事本体中所有概念的集合;P 表示所有关系的集合;A 表示属性合;$H^c \subseteq C \times C$ 表示概念之间的层次联系,$H^c(C_1, C_2)$ 说明 C_1 是 C_2 的子概念;prop $(p) = (C_1, C_2)$,表示 C_1 和 C_2 概念之间存在 p 联系;函数 $\text{att}: A \rightarrow C$ 将概念与字

面值对应起来。

在军事训练领域引进了本体的概念,能够通过属性集和属性之间约束的刻画,更好地描述军事训练领域的数据这一概念。

军事领域核心本体的构建过程如图3-3所示,包括5个主要步骤:

(1) 手工交互阶段;

(2) 主题词抽取模块;

(3) 归并与合并;

(4) 语义分析;

(5) 属性约束分析。

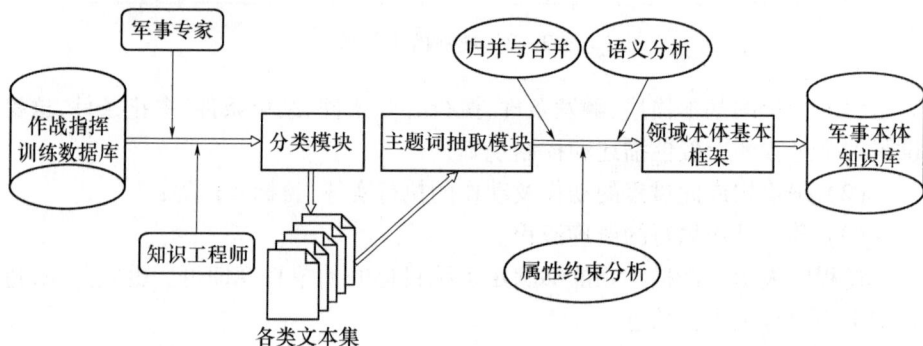

图3-3 军事领域核心本体的构建过程

1. 手工交互

手工交互阶段主要通过军事专家和知识工程师的交互完成。该阶段的目标是进行概念的提取、数据的分析。概念(即类)的确定主要由军事专家和知识工程师参照军队相关条文分类标准,从现有的军事数据库中进行。要进行提取概念首先要确定该领域的关键概念,确定上位概念和常用概念。概念的分类和提取可按照3.2节中提供的方法进行。

2. 主题词抽取

主题词的抽取主要是对提取手工交互阶段已经过分类后的记录进行主题词的抽取,从而建立每类的主题词集合。本体概念和属性都是从关键词中选取。该模块分两种情况处理:

(1) 数据记录中有一个字段为文本型。读取该字段的内容,然后对其进行分词处理之后可以抽取主题词。关键技术使用了文本分类中的特征抽取和选择。

(2) 数据记录中没有字段为文本型。对于这种类型的记录,则是抽取字段名,同时记录它的取值类型和词性。

通过抽取决无重复的主题词,然后可以进行对这些主题词的归并、合并、归类和语义分析。

当文本进行分词后,使用位置启发式方法计算各个词的权值,再通过设定一定的阈值进行筛检。通常计算各个词的权值都是通过统计的方法实现,如计算每个词在文档中出现的频率。

作为一个本体的属性要求它在训练集文本中出现的概率要满足一定的要求:

$$p_{ij} = p(t_i C_j) = t_i \text{ 在 } C_j \text{ 中出现的次数 } / C_j \text{ 中词的个数} \quad (3-1)$$

式中:t_i 表示第 i 个单词;C_j 表示 C 类中的第 j 篇文本。根据常识,一般单词在文本中出现的位置不同,所含的信息量也不一样。通常单词出现在标题或关键词和摘要中,它的信息量比较大,而在正文中则相对少些。定义位置基数如下:

$$B_i = C_j \text{ 中单词的个数 } / C \text{ 类中的文本数} \quad (3-2)$$

如果单词出现在标题、摘要、关键词和正文中,则分别赋予不同的权重系数,最后得出每个词真正的权重如下:

$$w = \lambda_k \times B_i \times p_{ij} \quad (3-3)$$

式中:$k = (1, 2, 3, 4)$,分别表示单词出现在标题、关键词、摘要和正文中的权重。

3. 归并与合并

本体的语义关系有许多种,如同义关系、上下位关系、包含关系等。上下位关系一般指的是本体与本体之间的关系,通常两个本体之间是父子关系,可以是直接的,也可以是间接的。例如水上坦克本体是装甲车辆本体的子本体,它们之间是继承关系。包含关系指的是一个本体是另外一个本体的属性,例如履带本体被水上坦克包含在内。

同义关系属于本体的语义关系。中文单词的含义非常丰富,由于人们看待问题的角度不同,对待同一个概念的词汇表达可能有多个。如人们提到"速度",通常还有"时速",表达的都是同一个意思。因此,正确定义本体的语义关系,可以扩大本体表达的外延。

考虑词在文本中上下文的关系。基于语义进行考虑,同时根据中文的习惯,发现在一般情况下只有相同习性的词才可能是同义词或者近义词。

设 $I_i^{(d)}$ 表示相对于第 i 个词位移为 d 的位置上出现的词集合(有可能出现次数),通过词的前驱和后驱连接词将词表示出来,用向量 $v(X_i)$ 来表示第 i 个词,它的表示形式是 $v(X_i) = (w_{i1}, w_{i2}, \cdots, w_{iN})$,其中,$w_{ij}$ 表示词 X_i 和词 X_j 的相似度。其同义词识别步骤：

（1）判断词 i 和词 j 的词性，如果相同，则

$$w_{ij} = 1 - \frac{c_{ij}}{n_i + n_j - c_{ij}} \qquad (3-4)$$

（2）如果不同，则 $w_{ij} = 1$。其中，c_{ij} 表示词 X_i 和词 X_j 的修饰词集合中出现相同词的个数；n_i 表示词 X_i 的修饰词集合中词的个数。将词用这种向量表示后，作为计算方法（可以是 SOM 神经网络等）的输入，通过聚类，可以形成语义图，从而得出不同的同义词的聚类。

4. 语义分析

语义分析主要完成的功能有以下几个方面：

（1）分析主体词的词性；

（2）了解主体词的注解，确定它的确切含义和所属类别；

（3）构建军事训练领域的领域本体，即军事训练领域的主要框架；

（4）构建概念本体和属性集。

主体词的词性在分词的时候已经进行标注了，这里主要考虑两种词性：名词和谓词。最后得到三大类概念集合：

（1）名词性概念集合，如战斗企图。实例：敌方企图，我方企图。

（2）谓词性概念集合，如进攻战斗行动。实例：开进，伏击。

（3）军事训练概念集合，如武器装备、武装力量、战场环境等。

在本体概念集构建完成之后，需要进行属性之间的约束分析。

5. 属性约束分析

本体间的属性往往有一些约束关系，例如：

演习战例本体:继承战例本体

{

　　属性:参战兵力:类型整数

　　属性:伤亡人数:类型整数

}

存在的约束是:伤亡人数小于参战兵力。

本体概念确立本身是较复杂的工作，而概念与属性的关联或概念的属性约束分析又较之概念更为复杂，所以属性约束分析只能通过军事专家手工进行。

领域本体的自动建立是本体论应用的一个难点，目前相关研究在国内也是刚刚起步。大部分本体的建立都是通过繁杂的手工操作，但由于知识工程师和领域专家的沟通有一定的困难，给本体的建立增加了难度。有学者提出了对半结构化文本的知识获取方法，读者可参考文献[140]进行设计实现。

3.5 小　结

　　本章重点介绍本体的建模过程与方法。本体建模过程与软件工程过程类似,采用 UML 方法是常用的本体模型表示方法。军事领域知识可以用实体、关系、动作、交互和规则等描述。军事领域本体构建包括手工交互、主题词抽取、归并与合并、语义分析和属性约束分析等 5 个阶段。

第 4 章

CGF 中的时空本体和事件本体建模

以上各章对 Agent、本体相关的基础理论进行了论述,本章及之后章节利用以上各章的理论,开始进入面向 CGF 的本体建模。

由于战场环境不是一成不变的静态环境,自然环境、战场态势,Agent 信念更新等是随时间不断演化的动态过程,这就需要考虑 CGF 建模中的时间、空间及其相关的属性和相互关系,以及时间和空间的演化等问题,即时空知识的表示及推理和时空本体建模问题。本章首先介绍时空本体建模的相关研究,以此为基础建立描述 CGF 中的时间和空间模型,利用时空模型建立 CGF 中的事件本体模型,并研究 CGF 中的时间和空间粒度,事件序列及其属性等问题。

4.1 CGF 中的时空问题分析

由于作战实体处于一定地理空间中,并且随时间不断演化,与之相关时空属性不是一成不变的静态过程,而是不断更新、变化的过程。利用本体描述作战兵力的行为能力,需要引入时空本体描述其变化过程和规律,包括:

(1) 战场综合自然环境。战场综合自然环境(Battlefield Natural Environment,BNE)的表示一般是通过地形数据与地表地物相结合的方式实现。战争属于人类行为活动的一种,其发生、发展和结束必定存在于一定的时间和空间中,时空属性是世界的基本属性之一。作战仿真动态反映战场中各种对象的动作及变化过程,其重点是武器装备或作战兵力所处的战场环境以及在战场中的交互关系。在此过程中,需要 BNE 对整个或部分地球表层(包括大气层)空间中的有关地理分布的数据进行采集、存储、管理、运算、分析。考虑到 BNE 是随时间不断变化的过程,需要建立 BNE 中的各种对象(包括作战实体)的时空关系,及其演化规律的模型。

(2)军事组织结构和角色模型。作战过程中,军事组织也不是一成不变的固定形式,作战实体根据作战目标和作战行动组成团队或组织,并赋予角色。随着作战过程的推进,作战实体由于作战计划的变更或毁伤等原因会退出组织,放弃角色;或者新的作战实体加入组织,并赋予新的角色等。这样组织和角色随时空变化而发生改变,需要采用时空模型对其进行描述。

(3)态势感知和信念的生成。态势感知是作战实体通过传感器系统不断获得世界信息的过程。一般而言,态势感知是基于时间序列或事件序列的感知动作序列。获得战场环境信息的作战实体需要对未知的概念和关系建立其信念,并对其已有的信念进行更新。在此过程中,时间是最基本的要素。态势感知中形成的描述战场环境对象(作战实体、文化设施等)之间的空间关系,是最基本的关系。如何描述或表达这种空间关系,需要研究建立空间推理所需的关系。

(4)作战计划。与态势感知相同,作战计划的执行是随时间推进的过程,计划中的任务规划、动作序列等是与时空紧密联系的行为,同样需要时空模型的支持。

4.2　时空本体研究现状

时空本体的构造与时空结合推理密切相关。基于时间和空间的(Allen 的时间区间逻辑和 RCC – 8)逻辑方法是构建时空本体的基础。目前,采用的最一般方法的时空形式化表示方法是选定时态逻辑和空间逻辑,把它们融合成一个时空混合体,允许空间和时间两者之间有一定的相互作用。文献[30]采用语义的方法,将时态模型和空间模型结合成一个多维时空结构,把区域作为基本的空间表示实体,以基于点的线性时间、基于点的分支时间和基于区间的线性时间 3 种基本模型作为时间表示,将时空解释成时间和空间结构的笛卡儿积。通过在 RCC – 8(Region Connection Calculus)中加入 Allen 的 13 种区间时态逻辑得到 ARCC – 8 逻辑。文献[62]以时空区域(时空历史)为基本实体,从语法角度扩展了部分空间逻辑公理集,并定义了时序关系和时空约束,建立了一阶时空逻辑模型,并基于该逻辑提出了有关运动的推理理论。文献[93]提出了描述复杂时空过程和持续实体的形式化本体。该理论将本体分为两类:元本体和表示本体。元本体刻画了表示本体之间的关系;表示本体又分为 SPAN 本体和

SNAP 本体两类。SPAN 定义持续过程,如过程及其部分和聚合;SNAP 定义持久实体,如物质、性质、角色和功能。文献[142]详细总结了时空本体的建模和应用的研究现状。

时空本体主要用于描述地理实体的时空变化规律,时空本体的核心是时空推理公理和推论的建立和完善。在对时空(统一)的知识表示及推理方面,目前还没有形成一个良好的且能被普遍接受的时空本体。时空本体研究一般有 3 种方法:从时间本体入手将其扩充到空间领域;从空间本体开始,加入时间演化属性;直接建立基于时空原语的本体模型。这里首先从时间和空间分离的角度分别介绍时间和空间本体,然后介绍时空本体,并分析作战仿真领域的时空本体需求。

Grenon 使用一阶谓词逻辑作为形式化工具,定义了时空本体,给出了时空本体的 20 条公理。Grenon 给出的形式化时空本体在时空表示方面区分了两种对象:持续对象,可以在给定时刻存在的物质、性质、关系、功能等;连续对象,对应某个过程,并不在某个给定时刻存在,而是作为整体存在于一段时间之内。这两种对象分别对应 e - 本体和 p - 本体。持续对象可以作为连续对象的组成部分,参与连续对象对应的过程。Grenon 提出的形式化时空本体系统包含 8 个一元谓词——Existent(x)、Endurant(x)、Perdurant(x)、$\Omega(\omega)$、$\Omega e(\omega)$、$\Omega p(\omega)$、Time(x)、Processual(y) 和 5 个二元谓词——const(x,ω)、index(ω,x)、exists - at(x,y)、at - time(x,y)、part - in(x,y)。如表 4 - 1 所列。

表 4 - 1　Grenon 的形式化时空本体系统

定　　义	解　　释
$\exists x, \text{Existent}(x)$	至少有一个存在物
Existent$(x) \leftrightarrow ($Endurant$(x) \vee $Perdurant$(x))$	存在物进一步分为持续物(Endurant)和连续物(Perdurant)
$\sim ($Endurant$(x) \wedge $Perdurant$(x))$	持续物和连续物这两类事务是相互分离的
$\exists x, \text{Endurant}(x)$	至少有一个持续物和连续物
$\exists x, \text{Perdurant}(x)$	
$\sim(\Omega(\omega) \wedge \text{Existent}(x) \wedge \omega = x)$	区分了本体和存在物,其中 $\Omega(\omega)$ 表示 ω 是本体
$(\text{const})(x,\omega) \rightarrow ($Existent$(x) \wedge \Omega(\omega))$	组成本体的要素(Constituent)是存在物,其中$(\text{const})(x,\omega)$ 表示 x 是 ω 的组成要素
$\Omega(\omega) \rightarrow \exists x($Existent$(x) \wedge \text{const}(x,\omega))$	没有空的本体
Existent$(x) \rightarrow \exists \omega(\Omega(\omega) \wedge \text{const}(x,\omega))$	每个存在物至少是一个本体的要素
$\exists \omega, \Omega(\omega)$	至少有一个本体

定　　义	解　　释
$(\text{Endurant}(x) \wedge \text{const}(x,\omega)) \rightarrow \Omega e(\omega)$	持续物只能是 e - 本体的组成要素，其中 $\Omega e(\omega)$ 表示 ω 是 e - 本体（即持续本体）
$(\text{const}(x,\omega) \wedge \Omega e(\omega)) \rightarrow \text{Endurant}(x)$	e - 本体的组成要素只能是持续物。e - 本体总是与时间相关联
$\text{index}(\omega,x) \rightarrow (\Omega e(\omega) \wedge \text{Time}(x))$	定义了 12 种时间关系
$\text{exists} - \text{at}(x,y) \rightarrow (\text{Existent}(x) \wedge \text{Time}(y))$	存在物与时间的关系，其中 $\text{exists} - \text{at}(x,y)$ 表示 x 在时间 y 处存在
$(\text{Perdurant}(x) \wedge \text{const}(x,\omega)) \rightarrow \Omega p(\omega)$	连续物只能是 p - 本体的组成要素，其中 $\Omega p(\omega)$ 表示 ω 是 p - 本体（即连续本体）
$(\text{const}(x,\omega) \wedge \Omega p(\omega)) \rightarrow \text{Perdurant}(x)$	p - 本体的组成要素只能是连续物
$\text{at} - \text{time}(x,y) \rightarrow (\text{Perdurant}(x) \wedge \text{Time}(y))$	连续物与时间的关系，其中 $\text{at} - \text{time}(x,y)$ 表示连续物 x 所跨越的时间区域为 y
$\text{Perdurant}(x) \rightarrow \exists y(\text{Time}(y) \wedge \text{at} - \text{time}(x,y))$	每个连续物都存在于某个时间区域中
$\text{Time}(x) \rightarrow \text{Perdurant}(x)$	时间本身就是连续物
$\text{part} - \text{in}(x,y) \rightarrow (\text{Endurant}(x) \wedge \text{Processual}(y))$	元本体属性，说明了持续物可以参加到过程中，其中 $\text{part} - \text{in}(x,y)$ 表示 x 参与 y

4.2.1　时间本体和时态原语

对时间本体研究集中在 3 个方面：时态原语、时态结构和时态约束。其中，对时态结构的研究主要包括 3 个问题：

（1）时间是离散的还是连续的？

（2）时间是有界的还是无界的？

（3）时间是线性的、分支的还是循环的？

对时态约束的研究主要有 4 个问题：

（1）定性约束；

（2）定量约束；

（3）定性和定量结合约束；

（4）模糊约束。

本章重点对时间本体中的时态原语进行介绍，实际建模中涉及的时态结构和时态约束问题,则根据实际需要进行分析。

基本的时态原语有两种:时间点(Instant)和时间区间(Interval)。时间点是早期人工智能研究的内容。1983 年 Allen 提出了著名的区间代数,包括关于时间的 13 种基本关系。如表 4-2 所列,其中 $X = [a_1, b_1]$,$Y = [a_2, b_2]$,$a_1 < b_1$,$a_2 < b_2$。

表 4-2　Allen 时间区间关系

X 与 Y 关系	符号	图形（Y 不变）	$X \cap Y$	时间点逻辑
Before	<		$\varnothing$	$a_1 < b_1 < a_2 < b_2$
Meet	m		$\{b_1\} = \{a_2\}$	$a_1 < b_1 = a_2 < b_2$
Overlap	o		$[a_2, b_1]$	$a_1 < a_2 < b_1 < b_2$
Finishedby	fi		Y	$a_1 < a_2 < b_1 = b_2$
Contain	di		Y	$a_1 < a_2 < b_2 < b_1$
Start	s		X	$a_1 = a_2 < b_1 < b_2$
Equal	=		$X = Y$	$a_1 = a_2 < b_1 = b_2$
Startedby	si		Y	$a_1 = a_2 < b_1 < b_2$
During	d		X	$a_2 < a_1 < b_1 < b_2$
Finish	f		X	$a_2 < a_1 < b_1 = b_2$
Overlappedby	oi		$[a_1, b_2]$	$a_2 < a_1 < b_2 < b_1$
Meetby	mi		$\{a_1\} = \{b_2\}$	$a_2 < b_2 = a_1 < b_1$
After	>		$\varnothing$	$a_2 < b_2 < a_1 < b_1$

利用 Allen 的时间关系模型,目前已经建立的时间本体主要是基于 DAML 语言的 DAML-Tim 和在 DAML-Time 之上的 OWL-Time。DAML-Time 本体提供以下服务:

(1) 拓扑时间关系(Topological Temporal Relations),利用公理定义时间点 (t) 与时间区间(T)之间的关系,包括 begins(t, T),ends(t, T),instant(t),$t_1 = t_2$,begings-or-in(t, T),time-between(t, T),$t_1 \neq t_2$ 和 proper-interval(T)。

(2) Allen 的 13 种时间区间关系。

(3) 时间与事件关联的 4 种关系:at-time、during、holds 和 time-span。

(4) 测量时间的两种方法:

① 将时间单位看作时间区间到实数的函数:

$$\text{minutes:Intervals} \to \text{Real} \cup \{\text{infinity}\} \qquad (4-1)$$

② 将时间单位看作实体集——TemporalUnits,且单值函数 duration 将 Intervals × TemporalUnits 映射为实数:

$$\text{duration:Intervals} \times \text{TemporalUnits} \rightarrow \text{Real} \cup \{\text{infinity}\} \qquad (4-2)$$

（5）时钟和日历,包括时区、时钟和日历单位(周、月、年)。

（6）基于时间点的时间粒度(temporalgranularity)。

（7）时间实体的聚合(aggregationoftemporalentities)。

（8）指示时间(deictictime),如 now、today 和 tomorrow 等。

在 DAML - Time 的基础之上,W3C 建立了 OWL - Time 时间本体,用于描述网页中的时间内容和 Web 服务的时间属性。该本体定义的公理与 DAML - Time 本体相同。利用类属性可以完整刻画 Allen 的时间区间模型,如图 4 - 1 所示。

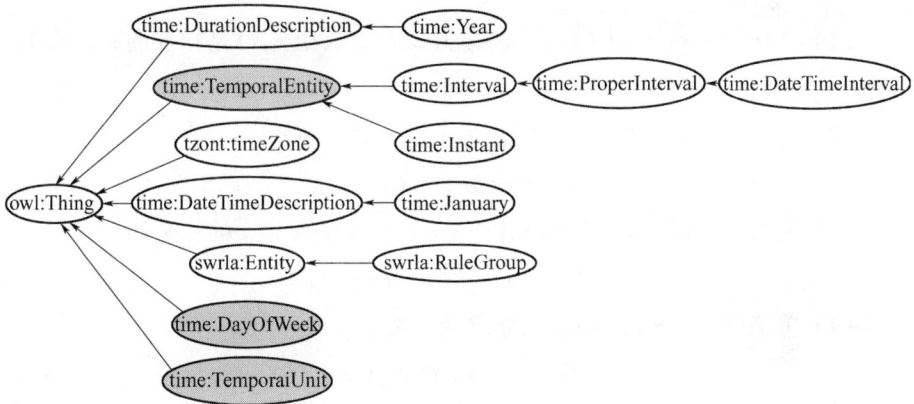

图 4 - 1　OWL - Time 本体类图

4.2.2　空间本体

与时间本体相似,空间原语有基于空间点和空间区域两种;空间属性涉及空间离散还是连续的问题(即空间与 Z_n 或 R_n 同构的问题)。CGF 中的本体建模相关的空间关系模型包括以下内容:

1. 空间描述模型

空间描述模型中基于空间区域连接关系的 RCC 是影响较大的模型。RCC 理论是建立在二元连接关系 C 上的逻辑。RCC 中空间实体表示为某类拓扑空间的正则闭集,称为区域。两个区域 A、B 称为连接的,当且仅当 A、B 有公共点。RCC 中有 8 种基本的关系:DC、EC、PO、TPP、TPP_i、EQ、NTTP、NTTP_i,如图 4 - 2 所示。

为描述 RCC - 8,首先定义采用描述逻辑定义的 4 种关系:

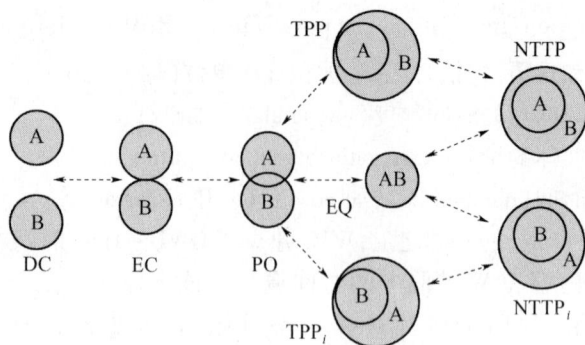

图 4 - 2　RCC - 8 关系和概念域

（1）连接（Connect），$C(x,y)$，定义为 x 连接 y，$C(x,y)$ 是自反的和对称的：

$$\forall x, C(x,x) ; \forall x, \forall y, C(x,y) \rightarrow C(y,x) \qquad (4-3)$$

（2）部分（Partof），$P(x,y)$，定义为 x 是 y 的一部分：

$$\forall z, C(z,x) \rightarrow C(z,y) \qquad (4-4)$$

（3）完全部分（Proper Partof），$PP(x,y)$，定义为 x 是 y 的完全部分：

$$\forall x, P(x,y) \cap \neg P(y,x) \qquad (4-5)$$

（4）覆盖（Overlap），$O(x,y)$，定义为 x 覆盖 y：

$$\exists z, P(z,x) \cap P(z,y) \qquad (4-6)$$

RCC - 8 的语义解释如表 4 - 3 所列。

表 4 - 3　RCC - 8 的语义解释

关　系	含　义	语义解释
$DC(A,B)$	A disconnects B	$\neg C(A,B)$
$EC(A,B)$	A externallyconnects B	$C(A,B) \cap \neg O(A,B)$
$PO(A,B)$	A partiallyoverlays B	$O(A,B) \cap \neg P(A,B) \cap \neg P(B,A)$
$TPP(A,B)$	A istangentialproperpartof B	$PP(A,B) \cap \exists D, (EC(D,A) \cap EC(D,B))$
$TPP_i(A,B)$	B istangentialproperpartof A	$TTP(B,A)$
$EQ(A,B)$	A is identicalwith B	$P(A,B) \cap P(B,A)$
$NTTP(A,B)$	A isnontangentialproperpartof B	$PP(A,B) \cap \neg \exists D, (EC(D,A) \cap EC(D,B))$
$NTTP_i(A,B)$	B is nontangential properpart of A	$NTTP(B,A)$

2. 方向模型和距离模型

方向模型描述空间中两个对象的方向关系。空间本体中的方向模型包括

"基于圆锥"和"基于投影"两种方向划分方法,在"基于投影"方法的基础上,通过引入"视点",得到"双十字"方向模型。方向模型如图4-3所示。

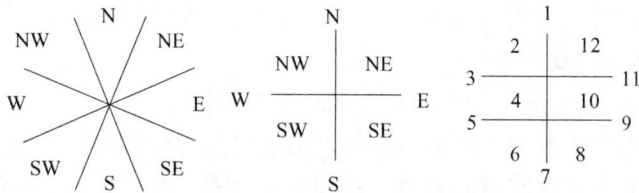

图4-3 空间本体中的方向模型
(a)圆锥模型 (b)投影模型 (c)双十字模型

距离的表示分为绝对距离和相对距离。绝对距离关系直接表示两个空间对象之间的距离,相对距离关系通过与第3个对象的比较,间接表示两个对象间的距离。例如,"A到B的距离为100米"、"A到B的距离很近"属于绝对距离关系,而"A距离B比距离C近"相对距离关系。绝对距离可以是定性关系,也可以是定量关系,而相对距离一般是定性的。有时单纯的距离关系不足以用于推理,如"A距离B很远"且"点B距离点C很远",要得到A、C两点之间的距离关系还要知道这3个点间的方向关系。方向与距离的结合称为位置(Position)信息。

RCC-8是描述战场环境中各种对象间空间属性的基础,根据需要可以先定义满足RCC-8模型的条件,然后就可以利用RCC-8与方向、距离、位置等模型结合,形成对空间中环境对象间关系的定性和定量描述。

4.3 CGF中的时空模型

考虑到CGF中的时间、空间、对象及其之间的关系与地理环境领域有诸多相似之处,如时间的变化、空间属性、对象间的关系等。CGF建模的时空建模中存在与时空数据建模中相似的问题,包括:

(1)在给定时刻,实体的属性信息和空间信息分布状态问题;

(2)在给定时刻,实体间空间拓扑关系问题;

(3)在给定的时间范围内,实体的属性信息和空间信息发生变化的问题;

(4)在给定的时间范围内,实体的属性信息和空间信息发生变化的速度问题;

(5)在未来的给定时刻或给定的时间范围内,实体的属性信息和空间信息变化的趋势问题；

（6）在给定位置，实体的属性信息在某时刻的状态问题；

（7）在给定位置，实体的属性信息在时间范围内的变化问题；

（8）实体执行动作中的时序问题；

（9）实体空间规划中的空间对象间的关系问题。

这些问题，集中反映了环境中各种对象随时间变化的问题。为解决上述问题，需要确定时间粒度和空间粒度。这里参考文献[153]关于商空间问题的研究，形成基于商空间的时间粒度和空间粒度的划分。首先给出关于粒度模型中的一些基本定义。

4.3.1 面向 CGF 的时间描述逻辑

在抽象现实世界（物理系统）向计算机系统（仿真系统）映射（建模与仿真）时，需要明确关于时间的几个概念：

（1）物理时间（Physical Time），是指物理系统中的时间，即客观现实世界中的自然时间。

（2）仿真时间（Simulation Time），是指仿真系统中的时间，即仿真系统所表现的时间，是仿真世界中的物理时间，通常也称为逻辑时间。

（3）墙钟时间（Wallock Time），是指仿真执行过程中的参考时间，通常来自一个硬件时钟，如：2012 年 12 月 21 日下午 4 点 30 分。

一般来说，CGF 系统中的最基本时间是物理时间，即自然时间，是真实世界时间的度量，通常与格林威治时间计量。对应于真实世界的物理时间，仿真系统中有一个仿真时间 T，对与有约束的系统，仿真时间 T 与物理时间 t 有如下关系：

$$T = k \times (t - t_0) \times \Delta T$$

k 是比例因子，用于扩展或压缩物理时间。t_0 是仿真开始时间，ΔT 是偏差，如果仿真开始运行时的逻辑时间为 0，则 ΔT 为 0。

物理时间是力学时间，总是均匀自然地流逝。从物理时间观察仿真时间，后者则可以停顿或返回到过去的某一点。时间轴是一个单调有序的时间序列。仿真世界中，仿真时间沿时间轴流动。

本书认为作战仿真系统中的时间表示是线性、非循环的时间结构，系统从某一点开始计时，则系统随时间的线性推进不断演化，即系统中不存在时间分支的现象，系统不采用具有分支世界状态的逻辑进行描述。定义系统的时间参考系是一维线性有界区间 $[t_0, t]$，$t_0 \geq 0$，t 是小于 ∞ 的某个值，可以认为系统是

从 t_0 开始到 t 结束的过程。时间参考系具有以下属性：

（1）时间是连续的，即时间区间是实数区间。

（2）时间区间是闭的，即时间区间有明确的开始和结束点。

（3）时间是向前推进的。

（4）时间可以根据划分进行粒度抽象。

（1）、（2）说明计算机系统不能处理连续区间，时间区间只考虑区间之间的关系，而不关注时间区间内部的连续、变化等问题。时间参考系 $[t_0,t]$ 中有定义 4.1~4.3：

定义 4.1：时间点（Instant），又称时刻，即 $[t_0,t]$ 中的某一具体的时间数。

定义 4.2：时间区间（Interval），以 $[t_0,t]$ 中区间描述的时间段。开始点和结束点是时间点。

定义 4.3：时间点序列，由时间点构成的集合，且集合中的时刻以升序排列，

$$S(t) = \{t_1,t_2,\cdots,t_n\}，其中 t_0 \leq t_1 < t_2 < \cdots < t_n \leq t \qquad (4-7)$$

设 $\exists t \in \text{Instant}$，$\exists T[t_1,t_2] \in \text{Interval}$，时间点和时间区间之间满足以下关系：

（1）之前，

$$\text{Before}(t,T) \leftrightarrow t < t_1 \qquad (4-8)$$

（2）之中，

$$\text{Inside}(t,T) \leftrightarrow (t > t_1) \cap (t < t_2) \qquad (4-9)$$

（3）之后，

$$\text{After}(t,T) \leftrightarrow t > t_2 \qquad (4-10)$$

（4）起点，

$$\text{Start}(t,T) \leftrightarrow t = t_1 \qquad (4-11)$$

（5）终点，

$$\text{End}(t,T) \leftrightarrow t = t_2 \qquad (4-12)$$

可以证明 Start 和 End 关系是对称的，Before 和 After 关系具有传递性。

利用直达（Through）关系和时间点可以定义时间区间 $[t_0,t]$ 中的任意区间。对于 $\forall t_1,t_2 \in [t_0,t] \cap \text{Before}(t_0,t_1) \cap \text{Before}(t_1,t_2) \cap \text{Before}(t_2,t)$ 定义：

（6）直达，利用 Through 关系描述区间 $[t_1,t_2]$，假定区间 (t_1,t_2) 是连续的，

$$\text{Through}(t_1,t_2) := [t_1,t_2] \qquad (4-13)$$

建模中只关心与之有关的时间点和区间及其相互之间的关系，而不管区间中其他不参与建模的时间点。

可以利用上述 6 种关系刻画包括 Allen 时间区间模型在内的时间区间、时间点及其之间的所有关系。

以 Allen 时间模型中的一种 fi(Finishedby) 为例。根据表 4 - 2 中的定义 Finishedby 的时间描述为:时间区间 $X = [a_1, b_1]$, $Y = [a_2, b_2]$,其中关系满足 $a_1 < a_2 < b_1 = b_2$ 则 $X_: = \text{Through}[a_1, b_1]$, $Y_: = \text{Through}[a_2, b_2]$,有:

$$\text{Finishedby}(X, Y) \leftrightarrow \text{Before}(a_1, Y) \cap \text{End}(b_1, Y) \qquad (4 - 14)$$

这里之所以用 End 而不用 Start,是表示两个终点的关系。Allen 时间区间中的其他关系证明与之类似。

4.3.2 商空间和粒度世界基本定义

定义 4.4:世界问题模型由三元组表示,

$$\text{Pm}_: = < X, f, T > \qquad (4 - 15)$$

其中:

(1) X 表示问题的论域(Universe)。

(2) $f(\cdot)$ 表示论域的属性(Attribute),可以用函数 $f: X \to Y$ 表示。f 可以是单值的,也可以是多值的,$f(\cdot)$ 将论域 X 中的元素 x,映射成某一(些)属性;Y 是某种形式的空间。

(3) T 是论域的结构(Structure),指论域 X 中的各元素之间的关系。结构是对象描述中最复杂的部分。描述结构的方法有很多,如距离、半序、拓扑、图、群、环和逻辑等。

定义 4.5:关系,设 X、Y 是两个集合,$X \times Y$ 是 X 与 Y 的积集,$R \subset X \times Y$。设 $\forall (x, y) \in X \times Y$,有 $(x, y) \in R$,则称 x 与 y 有关系 R,记为 $R(x, y)$,称 R 为 $X \times Y$ 上的一个关系。当 $X = Y$ 时称 R 是 X 上的一个关系。

定义 4.6:等价关系,设 X 是集合,R 是 X 上的一个关系,$x, y \in X$,并满足

(1) 自反性,$R(x, x)$;

(2) 对称性,若 $R(x, y)$,则 $R(y, x)$;

(3) 传递性,若 $R(x, y)$,$R(y, z)$,则 $R(x, z)$;

则称 R 是 X 上的一个等价关系。记为 $x \sim y$。

定义 4.7:等价类,$x \in X$,令 $[x] = \{y | y \sim x\}$,则称其为 x 的等价类。

定义 4.8:商集,令 $[X] = \{[x] | x \in X\}$,$[x] = \{y | y \sim x\}$,则称 $[X]$ 是 X 关于 R 的商集。商集是将等价类 $[x]$ 作为元素构成的新空间。这样商集可以作为不同粒度世界的论域的数学模型。

在关系 R 不满足传递性的情况下,同样能够形成商空间的定义。

定义 4.9:划分,$\{A_\alpha\}$ 是 X 的子集,$\{A_\alpha\}$ 是 X 的一个划分,当且仅当:

(1)$X = \bigcup\limits_{\alpha} A_\alpha$;

(2)若 $\alpha \neq \beta$,则 $A_\alpha \cap A_\beta = \varnothing$。

其中,$\alpha, \beta \in \Gamma$ 为划分的指标集。

定义 4.10:商空间,定义 $[X]$ 对应等价关系 R 的商集;设 T 是拓扑,则定义商拓扑 $[T]$ 为:$[T]:\{u \mid p^{-1}(u) \in T\}$,其中 $p:X \rightarrow [X]$ 是自然投影;设属性函数 $f:X \rightarrow Y$,定义 $[f]:[X] \rightarrow [Y]$。这样得到新的问题域($[X]$,$[f]$,$[T]$),称其为问题(X, f, T)对应于等价关系 R 的商空间。

这样就可以将问题域通过商空间进行粒度化。粒度化的方法有多种:

(1)论域粒度化,包括按结构和功能划分,按约束划分等。

(2)属性粒度化,包括单值划分和投影划分。

(3)结构粒度化,即取结构的商集,并确定满足获得商集的等价关系,以此关系建立商空间,即完成基于结构的粒度化。

4.3.3 CGF 中的时间粒度划分

文献[83]定义的可重用时间本体中将时间粒度指定为时间点,而非时间段,同时利用 Time－Unit－of 函数将定义域 Time－Granularity 映射为值域 Time－Unit,以此来完成时间的粒度定义。实际的军事系统中发生行为、活动等,大多数都是在一定的时间区间内进行的。作战过程的时间跨度涉及年、月、日、时、分、秒等不同的时间单位,所以 CGF 本体建模中的时间粒度需要根据不同的作战实际进行定义。

为分析时间的粒度问题,首先对时间的划分进行定义。

定义 4.11:有序划分,令 $E = \{e_1, e_2, \cdots, e_m\}$ 是集合 T 的一个划分,在 E 中定义关系如下:$x \in e_i, y \in e_j, x < y \Leftrightarrow i < j$,记为 $x < y(E)$。如果 $x, y \in e_i$,则记为 $x \sim y(E)$,称划分 E 是定义序为 T 的一个有序划分。

定义 4.12:粒度,对集合 X 采用 $\{A_\alpha\}$ 划分构成 X 的粒度空间。

粒度是对集合的一种度量。为描述某一对象或过程中的关系,同一功能或层次的划分形成的粒度模型,不应只是点的集合,应当是包括点和区间的集合。如执行对舰攻击任务中,飞机飞行和导弹发射属于同一个粒度层次的动作,但是飞行用时间区间描述,导弹发射则只是一个时间点触发的事件。而从飞机编队的角度,编队飞行和编队攻击属于同一粒度,编队攻击和单机攻击不能处于同一粒度。

定义 4.13:时间粒度,对时间参考系 $[t_0, t]$ 采用 $\{A_\alpha\}$ 划分构成时间的粒度空间。其中 α 是划分的指标。

时间粒度不应当仅仅利用时间点描述,基于某种划分的时间区间更适合描述时间粒度。划分的指标不仅仅是基于时间关系定义的划分,还包括基于功能的划分,并需要定义功能划分后的时间关系。如,为实现某项作战目标,作战实体需要进行作战行动规划,规划中以实现规划任务的子目标为指标,对所需的时间进行划分,这样首先确定了时间粒度。规划任务相互间的时间关系不一定是全序的,即行动可能会同步执行,这样定义的时间粒度就不是仅仅利用时间点就能够表达清楚的。但是,也存在时间点和时间段属于同一时间粒度的情况。如,雷达获得目标及其时空属性的过程是在一个时间区间范围内获得的,并会持续一段时间。导弹发射则是瞬间完成的动作,那么在此情况下雷达捕获目标和导弹攻击对完成击毁目标的攻击任务来说,应属于同一个时间粒度。时间的有序划分一般在任务的顺序执行或具有因果关系的行为中体现。根据时间粒度和划分的定义,有如下结论:

同一过程(作战、行动或计划等)中的任务应满足对其时间区间的划分,划分有且仅有一种,且满足 Allen 的 13 种时间模型。

4.3.4　CGF 中的空间关系模型

RCC – 8 所描述的空间区域关系模型的前提空间区域是正则闭的。CGF 本体中的空间关系是 RCC – 8 的实例,包括空间点与点之间、点与线之间、点与区域之间、线与线之间、线与区域之间的关系,以及区域之间的关系,并需要考虑空间关系的扩展。这些关系与作战实体进行作战行动和规划等行为密切相关,是作战中不可或缺的重要因素。其实例如集结点、行动路线、巡航区域等。由于现实中的地理空间建模一般将环境对象抽象为点、线和多边形的集合,这里研究满足以下两个前提:

(1)线是直线段,即线是有界闭的,不考虑弧线段情况;

(2)区域是有界凸闭光滑的,包括三维空间中的面和体。

定义点集 $P:=\{\text{Points}\}$,线段 $L:=\{\text{Routes}\}$,$\forall l \in L = \{s,e\}$,区域 $A:=\{\text{Areas}\}$,表示战场环境中所有与作战相关的点、线段和区域的集合,其中线段具有起点 s 和终点 e,且 s 和 e 在某些情况下可以互换,用 $l(s,e)$ 表示。以下涉及集合运算对单个点 m 的集合用 $\{m\}$ 表示;线段和区域直接看作点的集合,可直接用 l、u 等表示。战场环境中的空间关系包括以下内容:

1. 点与点之间的关系

图 4 – 3 所描述的方向模型是基于二维平面的方向图。不能确切描述战场

三维空间中对象之间的关系。引入方向（InAzimuth）、俯仰（InPitching）、高度（InAltitude）、距离（InDistance）、赋值（HasValue）和单位（HasUnits）6 个关系以定性和定量刻画点与点之间的关系，其中前 4 个任选其三，与后二者可以构成刻画点与点之间关系的完备集，如：

$$\forall m, n \in P,$$

$$(\text{InAzimuth}(m,n) \cap \text{HasValue}(\text{azimuth}, az)) \cap (\text{InPitching}(m,n) \cap$$
$$\text{HasValue}(\text{pitching}, pt)) \cap (\text{InAltitude}(m,n) \cap \text{HasValue}(\text{altitude}, al))$$
$$\rightarrow \text{Position}(m,n) \tag{4-16}$$

其中，az、pt、al 分别为 n 点相对于点 m 的方位（azimuth）、俯仰（pitching）、高度（altitude）。HasValue 的定义域（domain）为方位、俯仰、高度属性，值域（range）为实数域。

2. 点与线段之间的关系

（1）外部，即点不属于线段，

$$\exists m \in P, \exists l \in L, \text{OutSideL}(m,l) \leftrightarrow \{m\} \cap l = \varnothing \tag{4-17}$$

（2）属于，点是线段上的一点，

$$\exists m \in P, \exists l \in L, \text{BelongtoL}(m,l) \leftrightarrow \{m\} \cap l = \{m\} \tag{4-18}$$

3. 点与区域之间的关系

（1）外部，点在区域外，

$$\exists m \in P, \exists u \in A, \text{OutSideA}(m,u) \leftrightarrow \{m\} \cap u = \varnothing \tag{4-19}$$

（2）内部，点在区域内，

$$\exists m \in P, \exists u \in A, \forall n \in P, \text{Outside}(n,u) \rightarrow \exists l(m,n) \in L,$$
$$\text{InsideA}(m,u) \leftrightarrow (\{m\} \cap u = \{m\}) \cap ((l - \{m\}) \cap u \neq \varnothing)$$

$$\tag{4-20}$$

上式说明，点 m 在区域 u 中，当且仅当 m 是 u 的一点，且 m 与 u 外的一点 n 的连线与 u 的相交（除点 m 外）不为空。如果为空，则有以下边缘定义：

（3）边缘，点在区域边缘，

$$\exists m \in P, \exists u \in A, \forall n \in P, \text{Outside}(n,u) \rightarrow \exists l(m,n) \in L,$$
$$\text{EdgeA}(m,u) \leftrightarrow (\{m\} \cap u = \{m\}) \cap ((l - \{m\}) \cap u = \varnothing)$$

$$\tag{4-21}$$

4. 线段与线段之间的关系

（1）连接，l 与 s 只有一个共享点，且该点为终端。

$$\exists l(a,b),s(c,d) \in L$$
$$\text{Connect}(l,s) \leftrightarrow (l \cap s \leqslant_1 P) \cap (l \cap s \geqslant_1 P) \cap$$
$$(a = c \cup b = c \cup a = d \cup b = d)) \qquad (4-22)$$

连接是相交的特殊情况。

(2) 相交,

$$\exists l(a,b),s(c,d) \in L, \text{Cross}(l,s) \leftrightarrow (l \cap s \leqslant_1 P) \cap (l \cap s \geqslant_1 P)$$
$$(4-23)$$

(3) 不相交, l 与 s 只有一个共享点。

$$\exists l(a,b),s(c,d) \in L, \text{Disjoint}(l,s) \leftrightarrow l \cap s = \varnothing \qquad (4-24)$$

(4) 相等,

$$\exists l(a,b),s(c,d) \in L, \text{Equal}(l,s) \leftrightarrow$$
$$((a = c) \cap (b = d)) \cup ((a = d) \cap (b = c)) \qquad (4-25)$$

5. 线段与区域之间的关系

线段与区域之间的 8 种空间关系如图 4-4 所示。

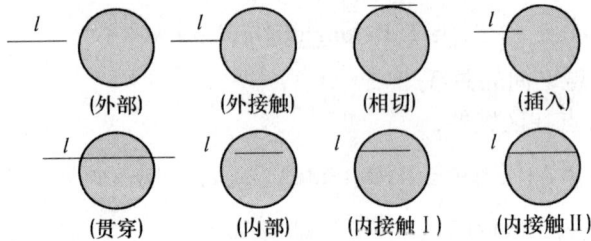

图 4-4　线段与区域之间的关系

(1) 外部,即不相交:

$$\exists l(s,e) \in L, \exists u \in A, \text{DisjointA}(l,a) \leftrightarrow l \cap u = \varnothing \qquad (4-26)$$

(2) 外接触, l 与 u 有且仅有一个交点,该点要么是 s,要么是 e:

$$\exists l(s,e) \in L, \exists u \in A,$$
$$\text{ContactA}(l,u) \leftrightarrow (l \cap u \leqslant_1 P) \cap (l \cap u \geqslant_1 P) \cap$$
$$((l \cap u = \{s\}) \cup (l \cap u = \{e\})) \qquad (4-27)$$

(3) 相切(接触), l 与 u 有且仅有一个交点,该点既不是 s,也不是 e:

$$\exists l(s,e) \in L, \exists u \in A,$$

$$\text{TangentA}(l,u) \leftrightarrow (l \cap u \leqslant_1 P) \cap (l \cap u \geqslant_1 P) \cap$$
$$((l \cap u \neq \{s\}) \cap (l \cap u \neq \{e\})) \quad\quad (4-28)$$

（4）插入，共享一段，l 与 u 的交点大于两个，且 l 的一个端点落入 u 内：

$$\exists l(s,e) \in L, \exists u \in A, \text{insert}(l,u) \leftrightarrow l \cap u \geqslant_2 P \cap (s \in u \cup e \in u)$$
$$(4-29)$$

（5）贯穿，l 与 u 的交点大于两个，且 l 的起点和终点都在 u 外：

$$\exists l(e,s) \in L, \exists u \in A,$$
$$\text{Traverse}(l,u) \leftrightarrow (l \cap u \geqslant_2 P) \cap (e \notin u) \cap (s \notin u) \quad (4-30)$$

（6）内部，l 及其起点 s 和终点 e 均落入 u 内：

$$\exists l(s,e) \in L, \exists u \in A,$$
$$\text{inside}(l,u) \leftrightarrow (l \cap u = l) \cap \text{insideA}(e,u) \cap \text{insideA}(s,u) \quad (4-31)$$

（7）内接触 I，l 及其起点 s 和终点 e 均落入 u 内，但有一个端点在 u 的边缘：

$$\exists l(s,e) \in L, \exists u \in A,$$
$$\text{ContactInsideI}(l,u) \leftrightarrow$$
$$(l \cap u = l) \cap (\text{EdgeA}(s,u) \cup \text{EdgeA}(e,u)) \quad (4-32)$$

（8）内接触 II，l 及其起点 s 和终点 e 均落入 u 内，两个端都在 u 的边缘：

$$\exists l(e,s) \in L, u \in A,$$
$$\text{Traverse}(l,u) \leftrightarrow (l \cap u \geqslant_2 P) \cap (e \notin u) \cap (s \notin u) \quad (4-33)$$

6. 区域与区域之间的关系

上述式（4-17）~（4-33）描述了点、线、区域之间的关系，这些关系看作是描述物理对象空间关系的公理体系。如点与点的关系可以刻画两个实体之间的相对空间位置、距离、方位等；点与线之间的关系可以描述武器轨迹和实体之间的关系；线与区域之间的关系可以为实体进行航路规划提供支持。

7. 空间粒度和空间关系拓展

直观上，空间中的对象是离散的，其粒度可以根据描述对象的功能对空间粒度进行划分。如海空作战中，联合编队、海上编队、空中编队、水面舰艇、作战飞机等概念的划分，已经为作战空间的粒度进行了定义。从基于指挥控制、作战使命、信息交互和作战等关系为指标的空间粒度出发，抽象出最常用的网状和树状拓扑。

网状拓扑是描述具有空间属性的对象间的关系。基于指挥控制、通信、作战等关系的空间地理位置是最能体现网状拓扑关系的形式。树状拓扑用于描述层次结构,如地理空间的定位从大范围(低精度)向小范围(高精度)进行。可以用树状结构描述军事组织中实体的空间属性,如海上联合编队的地理空间一般是海上和空中大范围内作战实体的描述,水面舰艇编队则处于海上一定空间范围内,单个的水面舰艇实体则与具体的地理位置相关,甚至可以定义为一个点。

空间粒度即是在上述两种拓扑上根据一定的关系定义其商空间,以形成其空间粒度。基于商空间的粒度定义可以根据不同需求采用商空间中提出的对论域、属性和结构三者进行商空间定义得到粒度函数。

4.4 CGF 中的事件本体

时间和空间模型是 CGF 本体建模中的一个最基本属性,采用时间和空间模型描述战场环境中的对象间的关系是 CGF 本体建模中必不可少的要求。这里不采用时间和空间相结合的方法建立时空统一的本体模型,而是基于"时间和空间是事物存在的基本方式"这一观点,将事物(对象)及其产生的事件,以及发生事件时的时间和空间状态、关系相结合,建立事件本体。

4.4.1 事件定义

事件的定义由于不同应用系统对其理解的不同,产生了不同的定义:

(1)HowNet 中事件定义为"事情",并将它分为静态和行动两大类。

(2)WordNet 中"事件"的定义:"在特定地点和时间发生的事情"。

(3)DARPA 将事件定义为"特定时间特定地点发生的事情",认为事件是小于话题的概念,多个事件组成一个话题。

(4)ACE(Automatic Content Extraction)评测委员会,将事件定义为包含参与者的特殊的事情,事件通常可以描述为一种状态的改变。

(5)在自动文摘领域,定义了称之为"原子事件(Atomic Events)"的概念。它是动词(或者动名词)及其连接起来的行为的主要组成部分(如参与者、地点、时间等)。

另外,文献[46]给出的事件定义包括自然事件、人工事件、动态事件和静态事件等4种形式。刘宗田及其团队提出了事件本体的定义,认为指在某个特定的时间和环境下发生的、由若干角色参与、表现出若干动作特征的一件事情,并将模态逻辑中的必然和可能算子引入到描述逻辑中,利用预言(foretell)和允许(allow)关系描述,形成扩展的描述逻辑——EDL 和扩展的 $\mathcal{ALC}$ 语言——

$\mathcal{EALC}$,将事件本体定义为事件类、关系和规则的集合。其中,事件类定义为事件集和一系列事件内涵的集合,事件由动作、对象、事件的持续时间、环境、断言和语言描述组成。

本章给出的 CGF 中的事件定义为:

事件是指特定时间内,特定区域中,由于特定对象参与而产生的动作或发生的事情。因为动作所产生的关系即是事件产生的结果。

4.4.2 事件本体模型

这里对事件本体的定义与文献[130]提出的事件和事件类概念不同。后者将事件归结到事件类中,并通过事件类中的规则对事件形成描述。这里直接将规则归为事件的一个组成,用规则约束事件的产生,描述由于事件产生而形成对象间的关系。

为描述事件本体,首先定义原子事件:

定义 4.14:原子事件,

$$AtomEvent: = < Time, Spatiality > \qquad (4-34)$$

即原子事件是仅有时间区间和地点描述的事件。原子事件又称为自然事件,是在没有任何对象和角色参与的情况下描述自然环境的基础,是事物存在的最基本属性。例如,描述事件推进和地域(地点)的属性可以看作是原子事件。

但是没有参与者的时间是无意义的。所以根据事件的定义,包括了时间、地域、对象、动作、关系 5 个要素,形式上可将事件本体定义为一个六元组。

定义 4.15:事件本体,

$$Event\_Onto: = < Temporals, Spatials, Objects, Actions, Relations, Rules >$$

$$(4-35)$$

其中:

(1)Temporals,事件的时间属性,其中的时间区间由时间本体(如 OWL-Time)中的 TimeInterval 定义。瞬时事件可以用时间点(Instant)定义。此时,TimeInterval 的起点和终点相等。时间区间是事件的主导,事件中的动作、对象属性的改变和位置的变化以及对象间关系的变化都是以时间推进为基础。

(2)Spatials,发生事件的地域,及该地域中各种事物的空间属性和关系。

(3)Objects,对象,即产生事件的对象。对象是事件的参与者,包括 Agent 和客体两个部分,Agent 是施动者,客体是受动者,即 Agent 产生动作行为并将其作用于客体。事件中 Agent、客体、动作总是同时出现,客体具有隐含的属性。

如飞机飞行,其 Agent 是飞机,动作是飞行,其客体是隐含的,即飞行必须在战场空间环境,具有空间属性的域对象(空中)中飞行。

(4)Actions,动作,即事件发生时,Agent 所产生的动作。动作是事件的核心,没有动作的事件,即使是有对象的,也只能是原子事件;同时通过动作形成事件内部的关系。

(5)Relations,关系,即由于事件的发生,导致对象间产生的关系。

(6)Rules,规则,即用于定义事件内部关系。关系是事件基于规则产生的。如作战飞机发射反舰导弹,反舰导弹飞向水面舰艇,则产生攻击关系:

$$\exists M \in \text{Missiles}, \exists A \in \text{Aircrafts}, \exists S \in \text{Surfaces},$$
$$\text{Launch}(A,M) \cap \text{Flyto}(M,S) \leftrightarrow \text{Attack}(A,S) \qquad (4-36)$$

4.4.3 事件序列及其属性

依据某一关系或商空间划分的时间粒度将事件过程划分为事件序列。对事件序列的划分应当存在而且仅存在一种方式,即事件序列一旦划分确定,其时间关系已经确定。由于时间的不可逆性导致已经完成的事件或动作不能回退或重复。基于上述原因,一方面事件中的对象不断产生动作,另一方面对动作又需要不断进行时间约束,这样事件关系之间会出现相互影响的情况,主要有:

(1)周期性:同一动作在一定的时间周期内重复发生,

$$\exists A \in \text{Acts}, \exists T \in \text{Tintvls}, \text{Repeat}(A,T) \qquad (4-37)$$

(2)重复性:同一动作重复发生,但时间间隔不固定,

$$\exists A \in \text{Acts}, \text{Repeat}(A) \qquad (4-38)$$

(3)有序性:事件按照一定的时间顺序依次发生,由 $\{<, m, \text{mi}, >\}$ 描述事件的顺序。

(4)并发性:事件序列并行发生,即事件发生时的时间区间之间有重叠,由 $\{o, \text{fi}, \text{di}, s, =, \text{si}, d, f, \text{oi}\}$ 描述并发事件。

(5)传递性:蕴含了前一事件的发生,与下一事件的发生之间的关系,假设事件 X、Y、Z 所发生的顺序与所在的时间区间有关,则

$$\text{Meet}(X,Y) \cap \text{Before}(Y,Z) \rightarrow \text{Before}(X,Z) \qquad (4-39)$$

(6)因果性:前一事件是后一事件的原因,后一事件是前一事件的结果,

$$\text{Cause}(X,Y)) \leftrightarrow \text{Pre\_con}(X,Y) \cap \text{Post\_con}(Y,X) \qquad (4-40)$$

Pre_con 为前件,Post_con 为后件。

4.4.4　事件本体元模型

事件本体是 CGF 中作战兵力智能建模的基础。通过事件本体可以描述与作战实体思维活动、感知认知等行为相关的动态过程。如环境的变化、作战实体获得外界信息并执行其作战计划等。这样,通过事件,将整个 CGF 中的各种因素调度起来,真实地反应了作战过程的动态性。

根据上述分析,CGF 中的事件本体模型如图 4 - 5 所示。

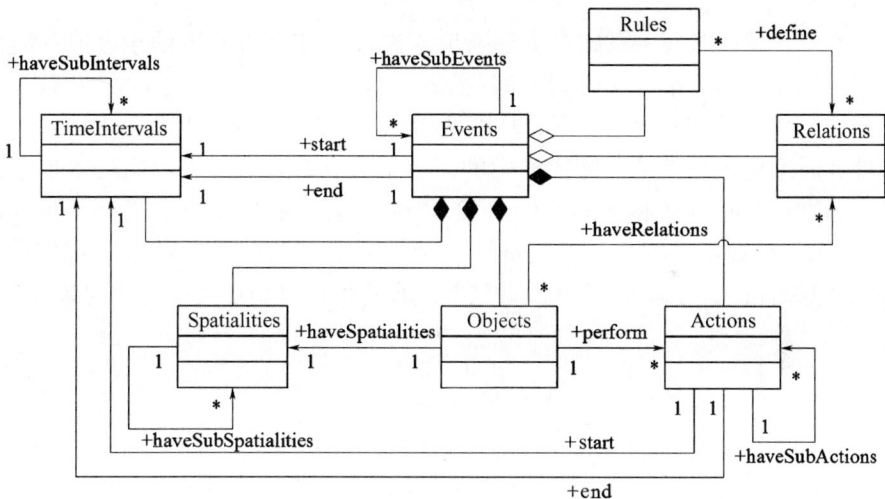

图 4 - 5　事件本体元模型

(1)与定义 4.15 相对应,事件本体包括时间、空间、产生事件的对象、对象的动作以及对象之间的关系组成。将规则和关系定义为组合,是表明二者对描述事件的程度没有其他要素"强",即时间、空间、对象和动作是事件的基本,规则是事件的约束,关系是事件的结果。

(2)对象动作的执行有其开始时间和结束时间,并满足时间约束条件。由于动作是事件的核心要素,所以事件由动作约束,其开始和结束的时间由 Time-Intervals 类约束。

(3)时间区间、空间属性可以进行划分,动作和事件具有序列性,所以它们具有子类,可以继续划分。

(4)事件定义或修改(重定义)对象间的关系。

4.5 小 结

本章分析了时空本体建模中的关键技术。Allen 的 13 种时间区间代数与 RCC − 8 的空间关系构成了描述整个时空本体关于时间和区域的最基本关系集。时间、空间的粒度、空间中点、线、区域之间的拓扑关系也是 CGF 建模中关注的问题。本章建立了描述这些问题的公理体系。时间、空间是事物的存在方式,而事件是事物在时空中的体现方式。分析了事件的属性,建立了事件本体模型。

本章采用的时间关系定义方法和时空粒度的定义方式不同于已有的时空模型。用简单的关系定义时间区间,扩展了时间和空间粒度的定义,并且可以以动作、目标或计划、规划为划分粒度的指标,形成了新的粒度划分方法。时空属性和时空建模是人工智能建模中的一个重点和难点。这里提出的事件本体模型分别从时间本体和空间本体出发,以时空是事物存在的方式这一观点出发,形成了对 CGF 中对象、时间、空间、动作等概念和关系的定义,为作战实体的环境、组织、角色、态势感知、作战计划等过程建模提供描述其动态性的基础。

第5章

CGF 中的战场环境本体建模

本章论述基于本体 CGF 模型的需求、建模过程,分析其知识获取和知识表述的方法,提出战场环境建模的形式化描述,建立战场环境本体元模型,为作战实体的认知、推理等智能行为提供支持。主要内容有:首先对本体技术进行综述。定义了战场环境的概念,分析了 CGF 本体建模中概念的提取方法,利用概念、关系、公理等对战场环境进行形式化描述,提出了基于本体的战场环境元模型,将 CGF 分为自然环境、物理对象、战场态势和作战计划 4 个域,分别讨论了其中的概念、关系等。

5.1 研究现状

现代战场从空间域上可划分为陆、海、空、天四维,作战活动分布其中。与之对应,战场自然环境(Battlefield Nature Environment,BNE)建模与仿真要建立包括陆地、海洋、大气、太空在内的整个自然环境空间领域具有权威性、完整性、多态性和一致性的数据描述、模型表示和仿真,其目标是为国防领域的建模与仿真提供权威、一致的自然环境数据和模型,以有效支持可视化、雷达和红外以及 CGF 等的仿真需求。随着先进分布式仿真逐渐向规模化、网络化和智能化方向的不断发展,对 BNE 仿真的数据表示、互操作、可扩展性、实时性等不断提出新的要求。其主要问题表现在:

(1)各种作战仿真系统中应用的自然环境数据格式多种多样,相互之间不具备互操作性,影响了系统互连的效率和性能。

(2)作战实体推理过程中,实体应该能够自动地对操作者的行为和环境进行反应。作战仿真系统一般提供了面向地形推理的模型和数据接口,但是对复杂自然环境本身的描述不够精确,缺乏对"智能"推理的支持。

现有的作战仿真系统所支持的自然环境模型一般是基于某种数据结构的静态模型。作战仿真中,实体需要获取环境信息,并完成与环境的交互。与BNE建模与仿真相关的研究领域包括基于环境数据库形式的BNE建模与仿真和基于地理信息系统(Geographic Information System,GIS)的作战环境仿真。

1. 基于环境数据库形式的 BNE 建模与仿真

基于环境数据库形式的 BNE 建模与仿真包括专用数据格式和通用数据格式。专用数据格式即建立基于某种格式,如数字高程模型(Digital Elevation Model,DEM)等的地形数据,支持作战实体(人员、车辆、坦克)等运动模型解算和运动路径规划。典型的应用如美国 MÄK 公司的 VR - Forces。通用数据格式是指基于 SEDRIS 的 BNE 仿真。SEDRIS 明确提出了作战空间中地理信息、自然现象和作战实体模型数据的统一描述与交换标准规范。将 SEDRIS 作为环境数据库和数据交换标准直接用于仿真系统中,以支持作战仿真系统中 CGF 和可视化建模与实现,如:文献[87]设计了基于 SEDRIS 标准的大气环境数据库,以支持导弹仿真系统需求;文献[55]建立了 SEDRIS 本体——SedOnto,将 SEDRIS 中的类、关系、属性、枚举等映射到基于 OWL 的结构中,实现了基于网络的环境数据共享和综合环境对象基本推理。SedOnto 建立的环境本体从根本上仍是对环境数据库的扩展,没有给出详细的 BNE 语义定义或语义规范。这样,BNE 建模与仿真仍处于数据层,即采用数据标准或数据格式支持推理模型和可视化。

2. 基于 GIS 的作战环境仿真

将本体技术引入 BNE 建模与仿真领域,形成描述 BNE 的语义规范和通用的环境语义定义,为作战实体的空间关系推理提供语义支持,提高其认识外部客观世界的能力。但是,目前还缺乏相关研究。从环境建模的角度考虑,基于本体的 GIS 技术为 BNE 的本体建模提供了有价值的参考。

由于 GIS 能够提供丰富的显示图层和地理环境信息,将 GIS 技术运用到作战仿真中成为当前环境建模与仿真研究方向之一。如,文献[94]将 MÄK 公司的 VR - Forces 与 ESRI 公司的 ArcGIS 结合①,开发出 GIS - enabled 仿真原型系统。该系统利用 GIS 图层数据代替了 VR - Forces 原有的内部地形数据,提供了基于 ArcGIS 应用的 GIS - Link 组件,可以用于将仿真系统连接至分布式交互仿

---

① MÄK 和 ESRI 是美国的两家公司。前者研究和开发分布式交互仿真技术和产品,后者则研发 GIS 产品。

真系统中,同时也可以作为扩展与 ESRI 的 ArcMap 和 ArcGlobe 相连,以演示作战态势。

基于本体的 GIS 建模方面,文献[84]提出了利用 NASA 的地球科学数据建立地球和环境术语语义网(Semantic Web for Earth and Environmental Terminology,SWEET),并利用 OWL 表示环境概念的共同关系,及其空间、时间和环境描述。文献[31]总结了基于本体的 GIS 研究现状,提出了本体驱动的(Ontology - driven GIS, ODGIS),通过知识产生和知识使用结构形式描述构建 GIS。

GIS 技术应用于作战仿真中的环境建模,主要关注建立地面地形、地理信息和地面物体等信息模型,缺乏对综合自然环境统一的规划和描述。当前基于本体的 GIS 研究对 GIS 中的地理本体概念、关系和公理等进行了研究和定义,为 BNE 建模与仿真提供了参考方法和实现途径。

5.2 虚拟战场环境本体建模中的问题分析

CGF 本体建模过程的核心问题包括以下 3 个方面:

(1)领域知识范围的确定。确定与 CGF 建模紧密相关的领域知识的范围以及与之相关可重用的本体。CGF 本体建模与军事领域的本体建模息息相关。国外相关研究领域已经建立了相对完善的可参考的顶层本体,如 SUMO、DAML 本体,以及 Wordnet 知识辞典等。国内还没有建立军事本体以及与之相关的军事领域知识工程辞典。所以,确立军事领域本体建模的知识范围,特别是 CGF 仿真领域知识范围是需要研究的重要问题。

(2)军事知识概念的确立。除文献[145]中提出的军事领域参考模型中的概念外,军事实体所处战场环境、实体态势感知,以及作战实体的思维状态(信念)等也应当包括在参考模型中的概念和关系中,其参考模型如图 5 – 1 所示。模型中的矩形框代表概念的领域,即本体应涵盖对这些相关知识的概念化;箭头代表概念之间的关系,这些关系应当是本体中关系集合中的最小集。

(3)属性、规则和约束的确定。由于 CGF 本体与真实世界中的军事本体存在根本的区别,属性、规则和约束是体现这一区别的主要形式。分析并建立满足 CGF 本体的属性、规则和约束是其中建模的关键问题。

针对上述问题,并根据 CGF 本体建模的参考模型,首先需要对参考模型中的概念和关系进行分解和细化,建立支持作战仿真领域本体建模的顶层模型。为解决这一问题,首先给出与之紧密相关的虚拟战场环境定义。

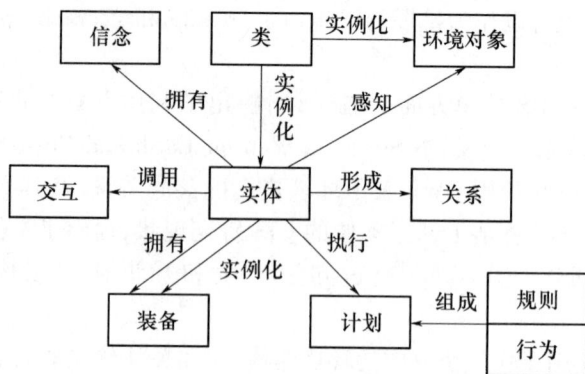

图 5 – 1　CGF 中本体建模参考模型

5.3　虚拟战场环境定义

现代战场环境是由陆、海、空、天、电磁、信息等多维空间组成的,共融一体的作战环境,各种作战行动分布其中。战场环境仿真是对包括陆战场环境、海战场环境、空战场环境、太空战环境在内的自然环境和以电子战环境为主的电磁环境的建模与仿真。此观点可以认为是狭义的战场环境定义,因为只考虑了不包括兵力或作战实体在内的战场中的客观事物。仿真互操作标准化组织(Simulation Interoperability Standards Organization,SISO)的环境模型参考框架,如图 5 – 2 所示,既包括自然环境模型,也包括军事系统模型,即将作战实体与环境的交互作用同样考虑在内,形成环境描述和军事系统模型及其各自内在关系以及相互之间关系的战场环境模型的参考框架。

同样,本书认为由于"人"的因素的参与使得战场环境建模与仿真不仅与战场自然环境等客观事物密不可分,而且需要将作战行动、信息传递、人类行为等因素综合考虑在内形成如下的战场环境建模与仿真定义:

战场环境建模与仿真是指对涵盖陆、海、空、天、电磁、信息、作战实体、作战行动等多种因素在内的整个战场空间进行权威的、一致的、完整的和多态的数据描述和模型表示,并综合运用计算机仿真、可视化计算、图形图像技术和人工智能技术等多种技术手段,建立包括自然环境、电磁环境和作战实体在内的综合战场环境,为作战仿真提供完整、统一、可靠和灵活的支撑和应用环境。

以下内容中在没有歧义的情况下,CGF 或虚拟海战场环境简称战场环境或战场。

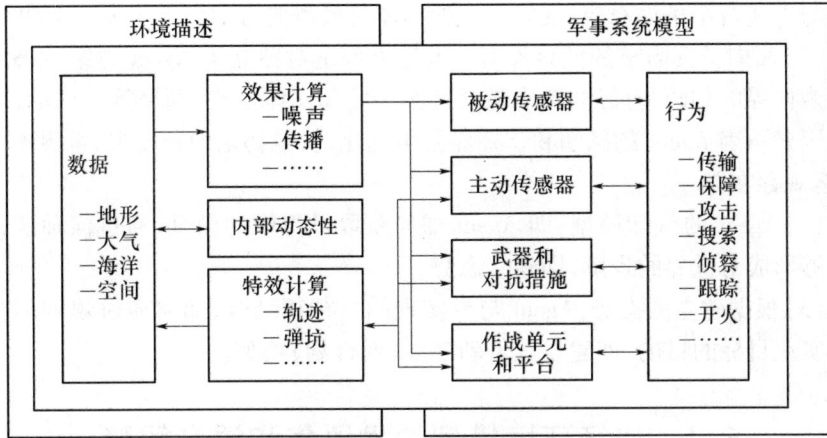

图 5 - 2　军事系统环境参考框架

目前已建立了一些面向作战领域环境本体库,开发了一些军事领域本体模型,但已经建模的相关概念和模型具有共性却又不统一。如对军事组织本体的描述,关于态势感知核心本体、作战计划本体分别对军事组织进行了建模,以及基于 SUO 的军事组织结构等,都对组织模型进行了描述。但这些模型针对的是某一领域的问题,而且对军事组织这一问题的描述并不一致。另外,SWEET、ODGIS 等与战场环境建模与仿真有联系的本体将自然环境与物理对象置入同一个参考框架中,对于作战仿真而言,弱化了作为战争主导因素的人类行为的能力和影响,没有考虑武器装备和军事因素与环境的关系,不适合直接用于作战仿真中。

基于 Agent 的作战兵力智能建模中,Agent 作为智能兵力需要实现其认知行为。首先要求能够对 Agent 的知识进行表示,包括行动时间、物理对象、信念以及问题域的各种关系。认知行为描述 Agent 对于战场态势的理解以及决策过程。态势理解的目的是提供 Agent 对战场感知的表示,包括环境的表示和分析,领域知识库,以及传感器和输入数据的处理及推理决策。上文已经指出 BDI Agent 中信念是 Agent 关于外部环境信息、其他 Agent 信息以及自身的信息的集合,即 Agent 要形成信念需要两个条件:

(1)世界模型。该模型能够提供 Agent 建立信念所需的清晰、明确的世界描述,即能够描述 Agent 所处世界具有的概念、概念间的关系,以及形成概念和关系的规则体系。

(2)认知模型。该模型提供 Agent 对世界的感知和认知过程,通过该过程,使 Agent 能够形成对世界的"理解",以建立 Agent 对世界的信念。

与上述两个条件对应,战场环境的本体建模需要考虑以下 3 个基本功能:

(1)面向仿真需求的世界模型。世界模型是对独立于 Agent 思维状态之外的客观世界的刻画和描述,考虑包括自然环境和实体结构、部署等在内的因素。这些因素不因 Agent 的感知和认知而发生变化,从唯物论的角度看,世界模型即是"客观存在"。

(2)Agent 的认知模型,即 Agent 如何获取世界中的信息,通过何种认知模型能够形成对世界的理解,即建立态势。

(3)根据建立的态势,Agent 与要实现的目标相结合,如何通过规划和行动达到实现目标的目的,即建立其行动规划(或计划)模型。

5.4 战场环境模型的术语集和语义解释

根据第 2 章中描述逻辑定义,有:

解释 $I = <\Delta^I, \cdot^I>$,非空子集 $\Delta^I = \{w^I, g^I\}$ 是解释 I 的定义域,w^I 是战场环境空间,g^I 是目标空间。$\cdot^I$ 是 Δ^I 上的函数,将概念集合 $C^{(g)}$ 映射到 $C^{(g)I} = \{C^I, g^I\} \subseteq \Delta^I$,关系集合 R 映射到 $C^{(g)I} \times C^{(g)I} \subseteq \Delta^I \times \Delta^I$。这里 w、C 是关于战场环境的原子概念,R 是原子关系。原子术语只能表达简单的术语,对于构造复杂的描述,需要通过具体的术语表达式来实现。术语表达式由以下语法定义:

$$C^{(g)} \rightarrow A^{(g)}, \top, \bot, C^{(g)} \cap D^{(g)}, C^{(g)} \cup D^{(g)}, \forall Q \cdot C^{(g)},$$
$$\exists Q \cdot C^{(g)}, \exists \geqslant_n Q \cdot C^{(g)}, \exists \leqslant_n Q \cdot C^{(g)}, Q \rightarrow R$$

其中,$A^{(g)}$ 表示目标是 g 的 Agent 集合;$\top$ 和 $\bot$ 是顶集和底集,分别表示任意战场环境对象和空对象;$C^{(g)}$ 和 $D^{(g)}$ 表示目标为 g 的环境对象(包括 Agent);Q、R 是战场环境中对象、要素间的关系。目标 g 的偏序关系 $g \leqslant g'$ $\quad iff \quad g^I \subseteq g'^I$,下级目标与上级目标满足偏序关系。CGF 中的描述逻辑基本语义如下:

(1)全集:

$$\top^I = \Delta^I \tag{5-1}$$

(2)空集:

$$\bot^I = \varnothing \tag{5-2}$$

(3)非(补):

$$(\neg C^{(g)})^I = \Delta^I \backslash C^I = \{w^I \backslash C^I, g^I\} \tag{5-3}$$

（4）交（合取）：
$$(C^{(g)} \cap D^{(g')})^I = \{C^I \cap D^I, g^I \cap g'^I\} \tag{5-4}$$

（5）并（析取）：
$$(C^{(g)} \cup D^{(g')})^I = \{C^I \cup D^I, g^I \cup g'^I\} \tag{5-5}$$

（6）任意：
$$(\forall Q \cdot C^{(g)})^I = \{a \in \Delta^I \mid \forall b(a,b) \in Q \to b \in \Delta^I\} \tag{5-6}$$

（7）存在：
$$(\exists Q \cdot C^{(g)})^I = \{a \in \Delta^I \mid \exists b(a,b) \in Q \to b \in \Delta^I\} \tag{5-7}$$

（8）最小数目约束：
$$(\exists \geqslant_n Q \cdot C^{(g)})^I = \{a \in \Delta^I \mid |\{b \mid (a,b) \in Q\}| \geqslant n\} \tag{5-8}$$

（9）最大数目约束：
$$(\exists \leqslant_n Q \cdot C^{(g)})^I = \{a \in \Delta^I \mid |\{b \mid (a,b) \in Q\}| \leqslant n\} \tag{5-9}$$

（10）关系：
$$(R \cap R')^I = R^I \cap R'^I \tag{5-10}$$

5.5　CGF 中战场环境的形式化描述

根据 Perez 的本体形式定义，首先给出定义战场环境本体：

定义 5.1：战场环境由五元组描述：

$$\text{VB\_Onto}: = < \text{VB\_Concepts}, \text{VB\_Relations},$$
$$\text{VB\_Functions}, \text{VB\_Axioms}, \text{VB\_Instances} > \tag{5-11}$$

式中：VB_Concepts 表示战场环境中概念集合，VB_Relations 表示实体间关系集合，VB_Functions 表示函数集合，VB_Axioms 表示公理集合，VB_Instances 表示实例集合。

定义 5.2：概念，

$$\text{VB\_Concepts}: = \{\text{Concepts}, \text{Attributes}\} \tag{5-12}$$

表示战场环境中的主要概念及概念的属性。

定义 5.3：关系，

$$\text{VB\_Relations}: = \{R(c_1, c_2) \mid c_1, c_2 \in \text{VB\_Concepts}\} \tag{5-13}$$

表示 CGF 中的二元关系集合，包括继承、聚合、组合和关联。

（1）继承关系，子类继承父类中包含的属性、关系和方法。例如，兵力

（Forces）、文化设施（Cultures）和障碍（Obstacles）继承其父类物理对象（PhysicalObjects）。

（2）聚合关系，表示一个概念拥有但可能共享另一个概念。例如，作战实体聚合为聚合兵力（Aggregations）。

（3）组合关系，CGF中的组合关系是一种强的聚合关系，是整体与部分的关系。例如，单个兵力（Individuals）由平台（Platforms）和武器（Equipments）组合而成。

（4）关联关系，表示概念间的相互作用关系，也可定义为概念的属性。CGF中，关联关系是最复杂的关系，包括各种类内部以及类、子类之间的各种关联。关联关系主要包括时间关系、空间关系、功能依赖和因果关系。

定义 5.4：函数，

$$VB\_Functions：= \{F:C_1 \times \cdots C_{n-1} \to C_n \mid C_i \in VB\_Concepts \cup VB\_Relations\}$$

$$(5-14)$$

函数是一类特殊的关系，即本体模型中可由前（$n-1$）个元素唯一确定第 n 个元素。CGF中的函数可以定义为各种作战规则。例如，水面舰艇防空作战中，反舰导弹距离本舰 x km 时，采用舰空导弹拦截；距离 y km，末制导雷达开机，采用近防炮拦截，同时实施有源和无源干扰。利用函数表示为

$$\exists p(\text{TarDis}(x) \cap \text{Weapon}(p)) \to \text{Intercept}(p);$$
$$\exists q,s,t((\text{TarDis}(y) \cap \text{Weapon}(r) \cap \text{Weapon}(s) \cap \text{Weapon}(t) \cap \text{PowOn}(r))$$
$$\to \text{Intercept}(q \cap s \cap t) \qquad (5-15)$$

式中：p、q、s、t 分别表示舰空导弹、近程武器、有源和无源干扰；r 表示末制导雷达；x、y 表示距离。

定义 5.5：公理，

$$VB\_Axioms：= \{Axioms\} \qquad (5-16)$$

Axioms 是永真断言，表示军事、作战领域概念、关系等描述的公理。包括概念内部公理和概念间公理：前者约束概念中的属性或关系以及约束类中属性或关系间的关系；后者则约束概念间的属性或关系。

定义 5.6：实例，

$$VB\_Instances：= \{Instances \mid Instances \in VB\_Concepts \cup VB\_Relations\}$$

$$(5-17)$$

实例是概念和关系的实例化表示，例如某一型号的舰空导弹、雷达或某项

作战计划等。

5.6　CGF 本体元模型

本体建模领域的另一个重要方法或研究方向是建立本体元模型。所谓元模型是模型的抽象,屏蔽了众多模型间个性化差异的共同描述。建立作战仿真领域的本体元模型就是通过抽取与作战相关的公共部分而得到的模型的抽象,从而为作战仿真领域的信息抽象、交互和互操作上提供了更高层的方法和更基本的表达。

建立本体过程实际是对研究对象概念化过程,即建立相关概念,并用关系将概念互相关联。由于 CGF 建模涉及作战实体、自然环境、天气水文、战场态势,以及实体的作战计划等诸多因素。考虑到 CGF 建模不但涉及自然环境、兵力及其构成的态势等客观存在的因素,实体如何行动,执行怎样的作战计划也是影响作战过程和结果的关键因素之一。同时,从 Agent 信念角度考虑,作战计划是对方 Agent 需要获得的信息之一,属于环境的客观因素。所以,对 CGF 本体至少包括 4 个主要组成部分:自然环境、物理对象、态势和作战计划,其中计划包含行动的目标。自然环境和物理对象是对世界的客观描述,属于 5.3 节中Agent 认知的世界模型;态势和作战计划则属于 Agent 的思维和认知层次。作战实体通过态势感知获得对世界的认识,通过执行作战计划以达到实现目标、改变世界的目的。CGF 本体元模型如图 5 – 3 所示。

环境(Environment),即自然环境,包括 4 个域:陆地、海洋、空中和太空。由于自然环境不断变化,影响物理对象,特别是实体的物理行为,如天气影响作战飞机的飞行等。物理对象对环境具有域(Domain)关系,如水面舰艇具有海洋域,则该关系决定水面舰艇运动模型不能对陆地属性进行解算。这里认为物理对象由作战兵力、文化设施和障碍三者共同组成。作战兵力是作战平台和武器装备的集合,如水面舰艇、作战飞机、导弹等;文化设施定义为与作战相关的道路、建筑、桥梁等对象;障碍定义为影响兵力行动的对象,如雷区等。态势由环境及存在于环境中的物理对象构成。在战场环境本体元模型中,态势是战场环境的核心要素。作战实体通过感知并理解态势,形成对整个战场空间中各种对象的概念和关系的认知,从而能够根据相应的作战计划将行动付诸实施。这正是基于本体的智能建模的意义所在。

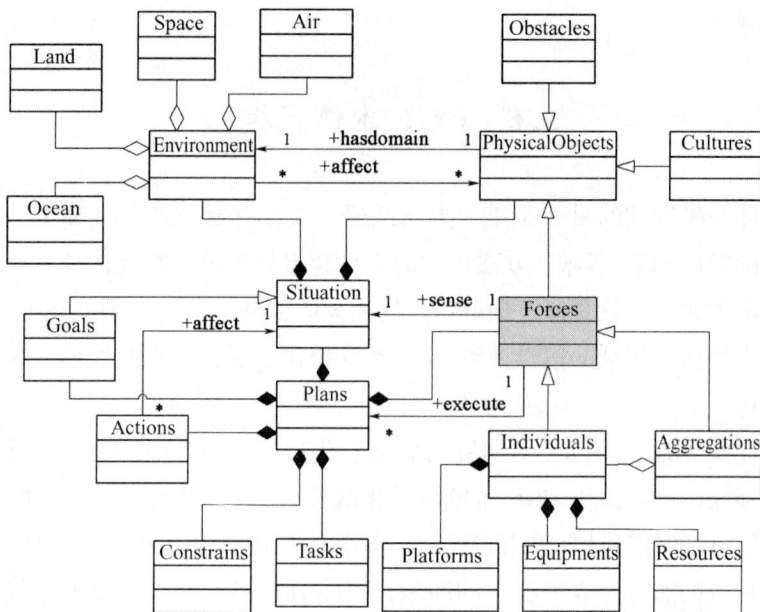

图 5 - 3   CGF 本体元模型

5.6.1 自然环境和物理对象本体定义

自然环境本体包括 4 个域：太空、大气、陆地和海洋。现有的自然环境模型一般包括数据、效果计算、内部动态性和特效计算（图 5 - 2），其实质是将环境分为两个主要部分，一是环境本身的描述，二是环境与军事系统的交互关系。与之对应，基于本体的战场自然环境建模则应考虑两项内容：自然环境内部模型和与物理对象的交互模型。自然环境本体内部模型考虑建立有关自然环境内部概念、属性、关系等；外部模型则需要考虑与实体的交互。

与基于本体的 GIS（如 SWEET）建模不同，这里将物理对象从自然环境中分离，形成单独的概念。物理对象（Physical Objects）处于自然环境（Environment）中，同时自然环境对物理对象实施影响，如天气、海况等影响装备的作战性能。作战实体包括独立实体（Individuals）和聚合级实体（Aggregations），独立实体组合成聚合级实体，如图 5 - 4 所示。

物理对象中的关系包括概念之间的 4 种基本关系：继承、聚合、组合和关联。继承关系主要定义物理对象上下层级之间的属性和关系的继承；聚合关系用于各个作战实体聚合为小组（班、排、连）或编队；组合关系描述武器装备和作战平台组合为作战实体；关联关系是复杂的对象间关系，从作战角度则主要包

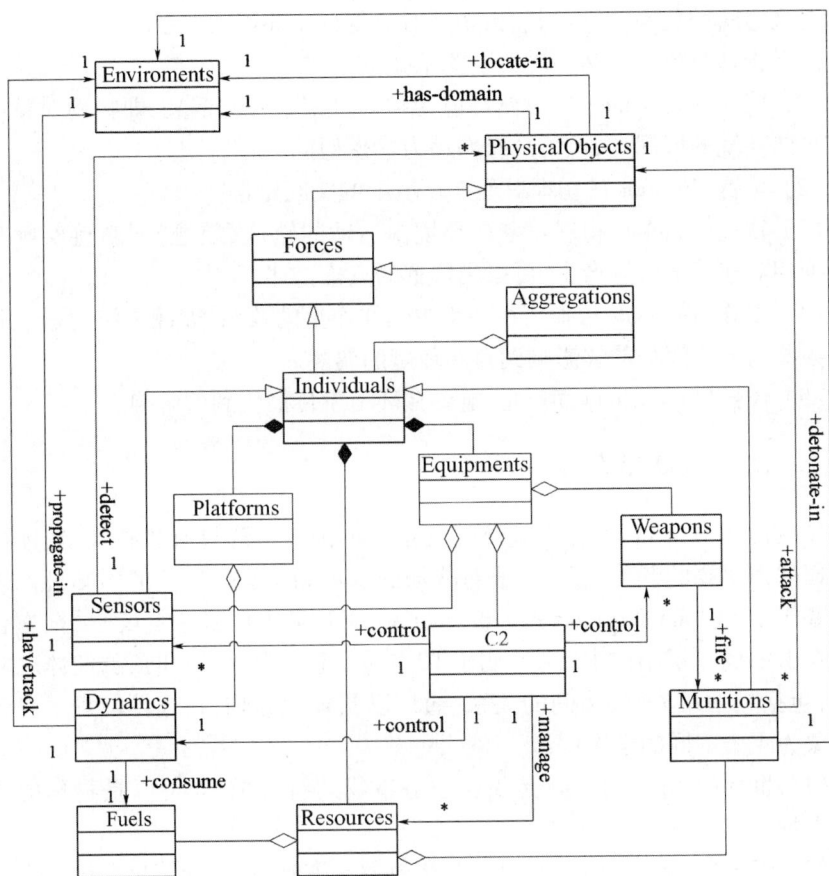

图 5-4　物理对象本体元模型

括以下几种：

（1）侦察（Detect），传感器对其他作战实体的搜索和识别关系。

（2）通信（Communicate），实体之间通过通信设备进行信息的交互关系。

（3）控制和管理（Control&Manage），指挥控制系统对其他分系统的控制和管理。

（4）攻击（Attack），表示作战实体间利用武器互相进行攻击。

（5）消耗（Consume），表示作战实体可以使用和消耗弹药、燃油等。

（6）支援（Support），作战实体为完成某一目标，相互之间支持与协作。

上述 6 种关系是刻画 CGF 中物理对象间的基本关系。

CGF 中的所有物理对象必处于某一空间位置或与空间物理（道路、海水等）对象产生交互，即必须具有空间属性。所以，物理对象本体中关系的定义不但包括对象之间的关系,还应当包括物理对象与自然环境的关系。

定义物理对象与自然环境关联关系如下:

(1)域(Has – domain),自然环境为物理对象提供域定义,即物理对象应当具有自然环境的域属性,该关系影响动力学模型。

(2)位置(Position),物理对象在环境中的空间定位。

(3)轨迹(Track),物理对象在环境中运动的轨迹(航迹)。轨迹实际是由一系列相对连续的位置产生,可以用位置的点集描述。

(4)爆炸(Detonate),弹药在环境中爆炸产生的效果,如冲击波、火焰、弹坑等。某些情况下爆炸能够影响到自然环境的属性。

(5)传播(Propagate),声、光、电磁在环境中传播受到的影响。

5.6.2 态势本体模型

作战仿真中,SAW 是作战实体建立信念的前提。通过态势感知,实体可以定义作战中主要的各种关系,形成对战场的认识和认知。本体的感知理论研究基础基于 JDL(Joint Directors of Laboratories,实验室主任联席会议)数据融合结构。在 JDL 的 5 层结构中,SAW 属于 L2 层次,定义为:评估和预测实体之间的关系,包括兵力结构、兵力间的关系、通信以及知觉影响、物理环境等。态势可以抽象为 4 个不同的层次:

(1)世界(World),底层,是引起态势事物的符号描述,可以是物理的或概念的事物。

(2)感知(Perception),第二层,从传感器观察到,并在计算机系统中存储的对象,抽象为独立的点(概念)。

(3)理解(Comprehension),第三层,通过关系将概念进行关联。

(4)预测(Projection),顶层,具有预见未来事件和及其实现的能力。

作战实体与态势的关系是对态势的"理解",属于文献[59]模型的第三层:建立概念间的关系,即态势是由于兵力(Forces)的参与而建立起来的,建立态势本体其实际是建立基于本体的 SAW 过程。物理对象和自然环境的概念、属性是态势感知的前提,但是态势感知更关心的是建立它们之间的关系。在此基础上建立的本体就能够更好地刻画战场环境对象之间的关系,充分捕捉有效的信息,以支持更高层次的推理。

定义 5.7:态势定义为三元组,

$$Situation: = \{Situ\_objects, Goals, Relations\} \qquad (5-18)$$

态势(Situation)是定义态势对象(Situ_objects)、目标(Goals)和关系(Relations)的集合,其中目标也是一种态势,来自于计划,是关注的最终状态。态势对象是态势中的实体,包括物理对象和环境对象,具有属性,并能够相互联系。关系定义了态势对象间的联系。态势是对客观战场环境的主观描述,作战实体通过感知事件获得态势。事件包含了传感器在真实物理世界里,在特定时间中观察到的态势,并影响关系和属性。对世界观察的时间由时间窗口约束其起止。观察的对象包括自然环境属性和物理对象属性,后两者又因为其内部动态特性而不断发生变化。态势对象以对象的形式组成关系,而关系关联态势,即态势对象参与仿真中关系的形成。态势是态势对象的组成。关系由规则定义,同时规则又提供目标。因为目标的实现,改变战场环境而影响态势。

5.6.3 作战计划本体模型

SAW 本体是形成战场环境中概念之间的关系,作战计划本体则是该模型的顶层,即包含对未来的预测,并将其体现。CGF 本身可包括自然环境和作战兵力。态势可以作为核心,建立环境中概念间的关系。但是,实际的作战仿真中,作战实体不但要了解战场自然环境、兵力部署,还需要了解敌我双方的作战行动和作战计划,即预判或获得对方的愿望和意图,以达到“知己知彼”的目的。所以,面向作战仿真的虚拟环境本体建模中,需要考虑作战计划本体模型。作战计划包括目标(Goals)、行动(Actions)、任务(Tasks)和约束(Contains)。目标刻画作战的目的;行动是作战行动的指导,是作战战术和作战过程的描述;任务是指实现整个作战计划所必须完成的即时目标;约束是对实现计划的空间、时间、条件等的描述。实体理解战场态势,执行作战计划。

定义 5.8:计划由六元组描述,

$$Plan\_Onto = <\ Initwld, Goals, Tasks, Agents, Constains, Solution\ >$$

$$(5-19)$$

其中,

(1) Initwld(InitialWorld),世界初始状态。CGF 中则可定义为战场态势(Situations)。

(2) Goals,目标,描述通过执行计划之后,世界应达到的状态,即计划的目标,提供态势本体中的目标。

(3) Tasks = $\{Task_i | i = 1, 2 \cdots, n\}$,定义为任务集,即计划的即时目标。对于每个即时目标 Pt_i,都有一个可以执行的行动(Actions)的有限集 $Act = \{ai_j | j = 1, 2 \cdots, n\}$ 以完成 Pt_i。

(4) Agent 集合 $Ag = \{ag_i | i = 1, 2, \cdots, n\}$,通过执行行动完成任务。作战仿

真中该集合即为作战实体(Force 或 Entity)。

(5) Constains = $\{C_i | i = 1, 2, \cdots, n\}$，定义为约束集合。约束是计划能否成功实现的关键，典型约束包括时间约束、空间约束、资源约束等。

(6) Solution 定义为映射，Solution：Plan→$\{$True，False$\}$，即计划 Plan 是否成功完成。

约束是计划本体的重点，时间和资源则是约束的关键。时间决定了行动的次序，只有在前一行动成功执行，其任务目标完成之后，才有可能执行下一行动。资源则决定了行动的代价。军事行动领域 Agent 的行为除了硬性约束，如弹药数量，会对计划造成影响，其他情况下往往以执行计划、达到目标为第一准则，而不需要计算其代价。

5.7 小 结

本章分析了 CGF 本体技术建模中的问题，给出了基于本体的 CGF 形式化描述。提出了基于本体的 CGF 模型，并对模型中定义的域进行了研究论述，定义了模型中的相关概念、关系。CGF 本体元模型是作战兵力智能建模的基础。将已有的战场环境定义进行扩展，使得自然环境与作战兵力相结合，形成新的、明确的、清晰的战场环境定义。通过对自然环境、作战兵力、战场态势和作战计划的刻画，形成了作战实体认知过程中，对客观对象和主观对象完整的描述。

第 **6** 章

自然环境本体建模

本章研究基于本体的战场自然环境（BNE）建模与仿真。BNE 建模与仿真需要陆、海、空、天等多个地理领域和维度的专业理论支持。目前已建立了众多的关于 BNE 的模型，并且大量的商业化和军事化产品已经开发并已用于作战仿真系统中。这些模型和产品基于两个方面的理论和技术：基于时空数据库形式的地理环境建模与仿真和面向 GIS 的地理信息语义检索和查询。作战实体对环境的认知和推理中，不但需要地形数据，还需要了解不同环境对象的语义属性，如地名、位置、关系等，这就需要将基于数据和基于语义的 BNE 建模相结合，为态势感知和执行作战计划提供支持。

首先，分析了目前基于环境数据库形式和基于 GIS 形式的 BNE 建模现状，对 BNE 本体的概念、关系、属性等进行了定义，给出了 BNE 本体建模的语义抽象过程，建立了 BNE 空间本体元模型，对 BNE 语义本体及其与空间本体之间的关联关系进行了论述，建立了 BNE 本体模型开发和应用的原型系统。

6.1　基于本体的 BNE 建模分析

作战仿真中的地形推理一般是面向地形数据库操作的过程。地理环境的数据模型主要支持物理行为模型的解算以及地形推理等。在态势感知和执行作战计划过程中，需要对地理环境中的语义进行检索、识别和认知。地理环境中的基于概念、属性、关系和规则等定义的语义模型是作战实体对环境认知所必备的条件。所以 BNE 建模应当将数据模型和语义模型结合，以充分支持作战兵力的行为建模。对于 CGF 中的 BNE 建模应当考虑以下问题。

1. 自然环境对象和作战实体的区分

当前研究的基于本体的自然环境模型一般认为物理对象(包括作战兵力)是自然环境中的一种对象。这种方式可以有效进行 GIS 推理过程。但是对于作战的主角——Agent 而言,作战实体之间的相互关系是建模的重中之重。GIS 不可能完成作战仿真的全部功能,只有将作战实体从环境对象中分离,独立进行建模与仿真,才能真正体现作战实体对象的智能性。同时作战实体的认知、推理需要地理环境数据上的支持。这样可以将现有的 GIS 本体技术与作战仿真中的自然环境建模相结合,以满足作战兵力智能建模的需求。

2. 作战仿真对环境语义的需求以及自然环境的语义表示

为支持作战实体的认知和推理,需要明确、清晰和完善的环境语义解释,使得实体能够"认识"并"理解"环境中对象的含义。目前,基于环境语义的地理搜索和路径查询方面已经比较成熟,而作战仿真中路径规划的基础是一定存储格式的地理数据。将已有的自然环境语义引入 CGF 建模中,建立面向作战仿真的环境语义模型,或根据已有的自然环境本体,建立支持作战实体推理的环境语义模型,是 CGF 建模中对环境语义的一个主要需求。

3. 环境数据库与环境语义的相互映射

作战实体的物理模型解算需要地理环境的数据支持,而智能推理则需要地理环境语义和时空逻辑等支持。环境数据库中的数据定义一般支持对某些"弱"语义的解释,如定位、地名等。在作战实体与环境的交互过程中,实体的认知和推理需要数据模型和环境语义解释相结合。为支持这种行为,需要建立环境数据与环境语义的映射关系,或通过统一建模形式提供数据和语义相结合的完整模型。

4. 作战实体与自然环境的交互

前面已经分析了作战实体与环境的交互关系。BNE 的本体建模应当将这些关系以及与之相关的概念等考虑在内。

针对上述问题,本章提出了以 BNE 语义本体和数据抽象相结合的方式,建立 BNE 本体。首先对 BNE 进行形式化描述。

6.2　BNE 本体的形式化描述

采用 Perez 的形式化描述对 BNE 进行定义。

定义 6.1:BNE 由五元组描述,

$$VE\_Onto: = < VE\_Concepts, VE\_Relations,$$
$$VE\_Functions, VE\_Axioms, VE\_Instances > \qquad (6-1)$$

式中:VE_Concepts 表示 BNE 中概念集合;VE_Relations 表示关系集合;VE_Functions 表示函数集合;VE_Axioms 表示公理集合;VE_Instances 表示实例集合。

自然环境本体中的函数、公理和实例派生于战场环境本体元模型,与之具有相同的解释和意义。对于 BNE 本体的概念,包括描述构成环境对象的几何要素集和以基于地理特征为核心的地理要素集:

(1)几何要素集包括构建自然环境的点、线、区域、方向、位置等与数据层相关的属性和要素。

(2)地理要素集包括与军事行动或作战实体认知和推理相关的行政区划、地理标志、水文气象、地理名词、建筑和障碍等在内的地理因素。地理要素集中的元素的最基本性质是层次性。根据商空间对论域的划分定义,可以将地理要素抽象为多个层次。

地理要素以三元组为基本方式定义:

定义 6.2:地理要素,

$$\text{GeoFt}: = < \text{ID}, \text{Name}, \text{Attributes} > \qquad (6-2)$$

式中:ID 是地理要素的唯一标志;Name 是地理要素的名称;Attributes 是地理要素的属性。

定义 6.3:关系,

$$\text{VE\_Relations}: = \{R(c_1, c_2) \mid c_1, c_2 \in \text{VE\_Concepts}\} \qquad (6-3)$$

表示 BNE 中的二元关系集合。BNE 空间环境中的关系包括空间关系和语义关系两大类,具体分类如图 6-1 所示。

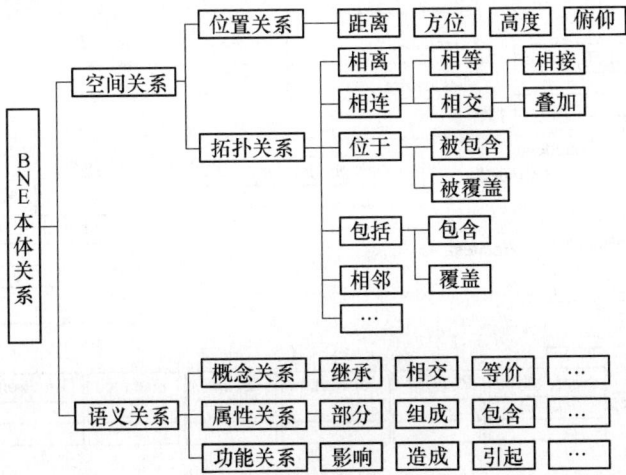

图 6-1　BNE 中的关系

由于对基于本体的 GIS 建模和基于数据的自然环境建模的研究是相对成熟的技术,这里只对 CGF 中的自然环境给出一般定义和关系描述,其公理体系等可以参考相关对空间关系和规则所给出的约束或公理。

6.3 BNE 空间本体模型

这里认为所有处于地面、水下、空中、太空的本体对象都是空间对象,都具有空间属性,空间中对象之间的关系可以由 RCC-8 描述。在具体的 CGF 空间中,空间关系可以由 4.3 节中的空间关系模型刻画。

结合地理空间模型中的要素、坐标、关系等,CGF 中的 BNE 模型如图 6-2 所示。BNE 空间本体以地理特征、空间关系和几何形状为核心。地理特征是面向底层数据的特征定义,是对位置(Position)、坐标体系(Coordinate)和尺度(Scale)的概括。地理特征提供对空间关系的量测规范和标准。几何形状是对组成空间对象元素的描述,反映空间地理对象的空间特征。几何形状由基本几何形状(点、线、面、多边形、矢量等)和聚合几何体组成。几何形状提供对地理特征和对象的空间限定,提供了面向空间对象数据和空间对象类型的基本描述,包括对点(Point)、线(Line)、面(Surface)和多边形(Polygon)等基本几何形

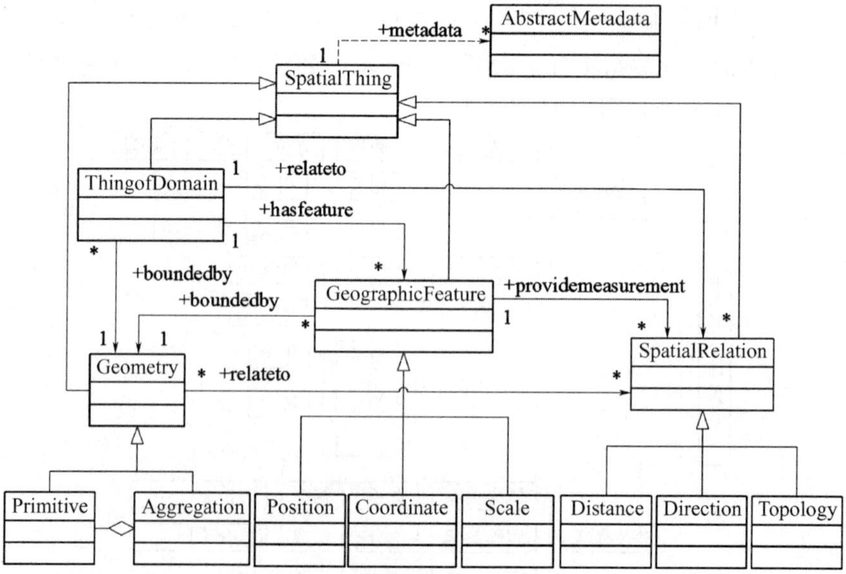

图 6-2　BNE 空间本体元模型

状的定义,基本几何形状又聚合成复杂几何形状。空间对象通过元数据(Meta-data)与 BNE 对象元数据相关联。此处元数据定义为抽象元数据,提供对 BNE 不同域或实例的抽象描述,可以根据不同域的数据标准进行实例化,例如遵循 SEDRIS 标准的空间数据模型。BNE 本体空间关系中的距离关系实际是确立距离度量关系(远、近),位置关系是三维空间中的位置(东、南、西、北、上、下)及其组合。通过与比例尺、坐标结合可以进行确切的位置查询和目标定位。

BNE 的空间本体模型一方面可以解决数据层构建 CGF 的空间属性和关系模型问题,另一方面可以为作战领域的空间语义形式化、可视化提供支持。同时,通过其语义模型,可以在数据与语义之间建立一定的映射关系,为作战实体对环境中各种对象的认知和理解提供支持。为达到上述目的,需要从 BNE 的建模开始就要形成对 BNE 语义抽象的约束,下面给出 BNE 语义抽象的过程描述。

6.4 BNE 语义抽象

根据对 BNE 的形式化描述,建立 BNE 的本体模型过程即是对 BNE 语义抽象过程,建立其类(概念)、关系、属性,确定其公理体系过程。与多表达地理本体相似,BNE 语义抽象过程如图 6-3 所示。

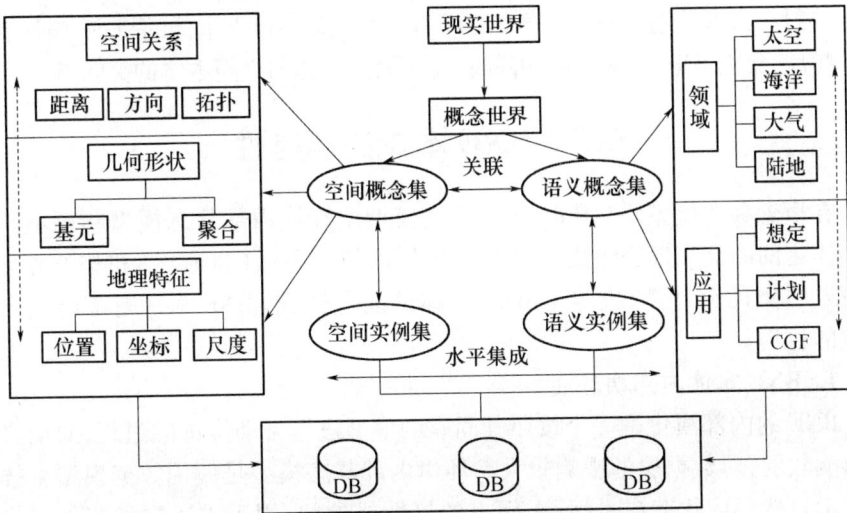

图 6-3 BNE 本体的抽象和应用过程

从现实世界到概念世界的抽象是完成确定概念和关系的过程;概念世界是形式化和符号化的现实世界。概念世界又包括两个主要部分:空间概念集和语义概念集。空间概念集面向基于环境数据的集成,是对环境数据库的空间关系、几何形状和地理特征的语义解释。空间概念集通过建立数据元素与本体概念之间的关系,将数据元素映射为本体要素。SedOnto 即属于该层次。语义概念集是对环境的更高层次的抽象,其目的是建立面向具体应用和具体域的本体模型。语义概念集通过概念和关系映射与空间概念集相关联,这样就将整个BNE 从数据层到语义层进行了统一。

空间本体模型是面向描述空间数据规范的语义解释,而 BNE 语义本体则面向空间域和具体应用,需要建立描述 BNE 的概念、关系、属性和公理。BNE 语义本体建模需要考虑以下内容:

(1)对整个 BNE 所涉及的概念、属性等清晰、完整的定义和分类,能够提供面向 BNE 的丰富术语词典和规则;

(2)同时支持 BNE 中定义的四域——陆地、海洋、大气、太空,并考虑各个域之间的交集;

(3)提供对空间本体的语义支持,建立 BNE 语义本体的同时,完成语义本体与空间本体的关联。

基于上述问题,建立 BNE 语义本体与关联关系过程密切相关,可采用重用已建立的地球环境本体和建立新的 BNE 语义本体两种方法完成语义本体的建模与关系映射。这里采用重用已有本体的方法,通过对已建立本体的概念、属性和关系的扩展,建立 BNE 语义本体的同时,完成语义本体与空间本体的关联。

6.5 BNE 本体的动态性

在概念参考模型中(图 6 - 3),环境模型由环境内部状态模型和环境与作战实体之间的交互模型组成。BNE 本体的内部动态性(自演化)和与外界环境(作战实体)的交互性,决定了 BNE 本体的动态性,即 BNE 本体是随时间不断变化的过程。

1. BNE 本体内部动态性

BNE 的内部演化是一个按照其固有的模型进行自动推进的过程,对语义层的影响较弱,对数据层的影响较大。环境内部状态模型是使用数据模型来描述和表示自然环境状态在时间、空间上的属性或参数,用于描述在没有外界作用的情况下自然环境状态内部变化的规律,反映了状态属性或者参数在时间、空间上的约束关系。环境内部状态模型可表示为定义在时间、空间上的属性或者

参数的集合,即:

$$M(s,t):S \times T \rightarrow P(s,t) \qquad (6-4)$$

式中:M 为环境内部状态模型;S 为空间属性集;T 为时间区间;P 为环境自然状态或属性参数集合。

海空作战中影响作战模型的 BNE 内部动态性主要体现在空域和海域的相关模型中,如海洋的温度、盐度、密度、风场、海流、潮波以及海水的声学和光学特性等,以及天气、气象、地面风场等空域环境属性。对于 BNE 本体而言,其动态变化影响地理要素的属性;由于地理要素属性的改变又影响到作战实体的物理模型。

2. 作战实体与 BNE 的交互

第 5 章中已经说明:作战实体必处于某一空间位置或与空间物理对象产生交互,即必须具有空间属性,其关系包括域(domain)、位置(Locate)、轨迹(Track)、爆炸(Detonate)、传播(Propagate)等。这些关系由于作战实体的行为动作而产生,并且具有时间属性。为表达 BNE 中作战实体与环境对象之间的关系,采用事件机制对其进行描述,即作战实体与环境的交互是以事件的形式实现的。

作战实体与 BNE 的交互关系如图 6-4 所示。交互被看作是事件的一个子类。作战实体(Agent)通过执行作战动作,动作产生事件;动作和事件都有起始时间,空间对象定义了实体的空间属性,同时支持实体动作的执行(解算);交互也具有空间性能,同时在交互作用下可以改变空间对象的属性,如弹坑、建筑物的破损等。

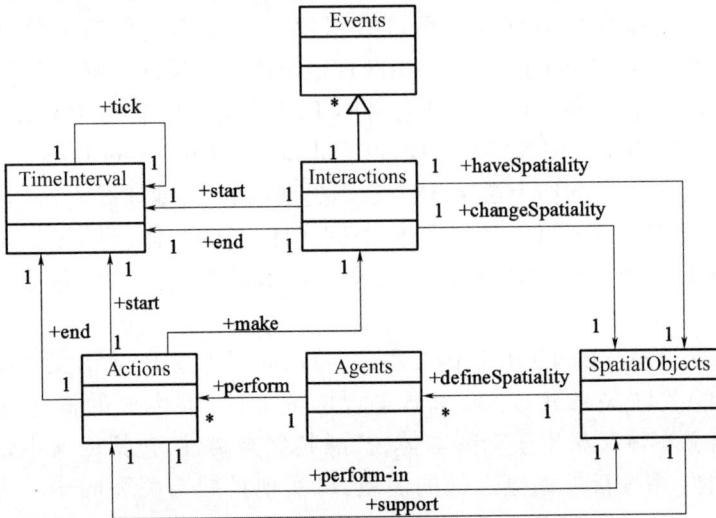

图 6-4　作战实体与 BNE 的交互描述

6.6　基于 BNE 本体的原型系统

根据作战仿真对 BNE 的要求,图 6-5 给出基于 BNE 本体应用原型系统的层次结构。

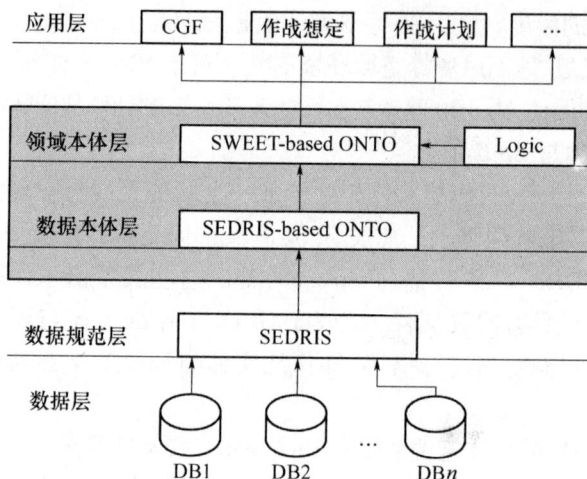

图 6-5　BNE 原型系统的结构

该结构中底层是支持仿真的环境数据库,包括地理信息库、地形数据库、大气数据库和海洋环境数据库。通过数据规范层将不同的数据格式统一为 SEDRIS。数据本体层即通过对 SEDRIS 规范中概念和属性的解释和引用,建立基于 SEDRIS 空间本体。语义本体采用 SWEET 作为上位本体,并根据军事需求进行扩展。SWEET 利用 NASA 的 GCMD(Global Change Master Directory,全球交换主词典)中的关键词作为指导,建立以下类型术语集:地球球体、非生命物质、生命元素、物理属性、单位、数字实体、时间实体、空间实体、现象、人类活动等,并采用 OWL 实现。与 BNE 建模关系密切的术语集主要是地球球体和空间实体。

建立基于 SWEET 的 BNE 语义本体,可以同时考虑 BNE 语义本体及其与空间本体的关联关系建模,采用概念合取的方法,即生成的概念既派生于 SWEET 语义本体又派生于空间本体,扩展其父类属性,包括语义本体与空间本体的属性,并重新规划概念间的关系,可实现扩展与关联同步。为支持本体推理,需要引入推理逻辑,实现中可采用 OWL DL,可满足推理的完备性和可计算性。

6.7 小　结

　　本章分析了基于本体的 BNE 的研究现状,给出了 BNE 本体建立和应用过程,对 BNE 本体形式化描述进行了定义,提出了空间本体元模型和语义本体的建立方法,最后建立了 BNE 本体建模和应用的原型系统。

　　利用这里提出的 BNE 本体,从数据层和语义层两个方面为 CGF 中的自然环境建模进行了分析论述,可以与 GIS 相关的地理环境本体结合,也可以应用于分布式作战仿真系统,以支持作战实体的环境推理和环境数据互操作。

第 **7** 章

基于本体的作战实体角色建模

军队是组织程度最严密的社会群体,强调命令、纪律和权威,同时各级组织的结构和协调交互方式相对固定,使得研究军事组织建模成为虚拟海战场环境仿真中必不可少的内容。文献[111]研究了任务型 CGF 组织的本体模型结构,对其建模的需求、原则进行了分析,建立了组织的静态模型和动态行为的描述,利用一阶谓词逻辑对其进行了形式化描述。文献[108]以驱逐舰编队为例建立了军事群体的组织结构模型,采用 OWL DL 语言对其进行了描述。文献[154]结合组织的目标分析了 Agent 组织、子组织之间的关系,提出了利用描述逻辑的 $\mathcal{ALCA}$($\mathcal{ALC}$ of Agent)框架,用于描述结合任务目标的多 Agent 组织。文献[102]认为战争中的技术,包括武器、装备、机动能力和通信能力在一直持续的变化发展当中,而军事组织的体系结构则基本保持不变。为适应现代战争,该研究参考了 IEEE 的 SUO(Stander Upper Ontology,标准上位本体)建立了基于本体的现代军事组织结构。其概念包括现代军事组织(Modern Military Organization,MMO)和现代军事单元(Modern Military Unit,MMU)。MMO 是对执行军事行动的整体或组织的描述,包含于 SUO 中的组织概念。MMU 由 MMO 而来,MMU 的实例功能上独立于 MMO,但是可以隶属于或从属于 MMO。

本章把基于本体组织和个体建模统一为基于本体的角色建模,可以建立角色的个体模型,然后从个体在组织中体现的地位、责任等建立其角色模型。首先分析作战兵力在战场环境中的角色模型,给出了基于 BDI Agent 的作战实体的个体模型,并通过基于描述逻辑的形式化表示,建立作战实体的个体和组织本体模型。在此基础上分析了组织中作战实体担当的角色问题,提出了作战兵力的角色模型,定义了角色中的概念、关系和公理,并分析了组织的动态性。

7.1　基于 Agent 的作战实体结构模型

7.1.1　Agent 的 BDI 模型

Agent 的主要特点是模拟(模仿)人类的思维状态:认知、情感、意动等。Agent 决策过程依赖于表达 Agent 信念、愿望和意图的行为来实现。基于过程推理是 BDI Agent 实现的一种途径。图 7 – 1 是一个基于过程推理的 BDI Agent 结构。信念表示 Agent 对外界(包括环境和其他 Agent)的认识和判断;愿望表示 Agent 希望达到目标的可能路径;意图表示 Agent 为实现承诺而将要采取的行为计划;规划是 Agent 的思维状态的体现,是判断、思考和决策的过程。解释器负责协调、调度四者之间的关系。

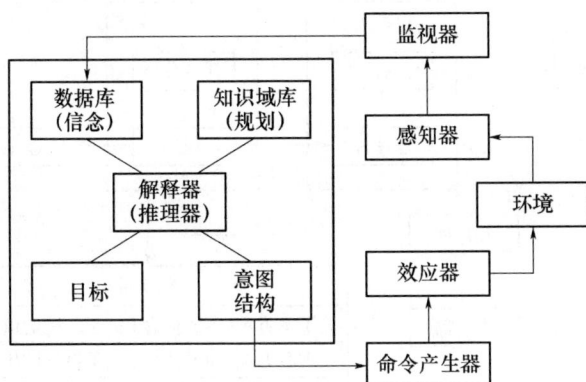

图 7 – 1　BDI Agent 结构图

对 BDI 的解释为:

(1)信念,Agent 关于环境的信息、关于其他 Agent 信息和关于自身的信息的集合。信念可以是确切知道的,也可以是在这些信息的基础上假设知道的,分别称为确信信念和假设信念。

(2)愿望,Agent 希望达到的状态或者希望保持的状态,分别称为实现性愿望和维护性愿望。愿望具有持续性,即 Agent 希望保持一个愿望,直到不再假设该愿望一定能够实现或确信该愿望已经实现。

(3)意图,是承诺的愿望。Agent 在不违反意图约束的前提下选择下一个动作,并确信由这种选择可能产生的动作序列能够保证所有意图的满足。Agent

将保持一个意图,直到不再具有该意图的愿望或不再确信该意图一定能够在承诺的前提下满足。

7.1.2　基于 BDI Agent 的作战实体结构

将 BDI Agent 技术用于 CGF 的目的是建立人类行为表示(Human Behavior Representation,HBR)模型,使 Agent 具有感知、理解、学习、推理、决策等能力,实现对于战场态势的理解以及决策过程。这里将 BDI Agent 在 CGF 中的信念、愿望和意图与作战实体的具体应用相结合,提出基于 BDI Agent 的作战实体结构,如图 7 - 2 所示。

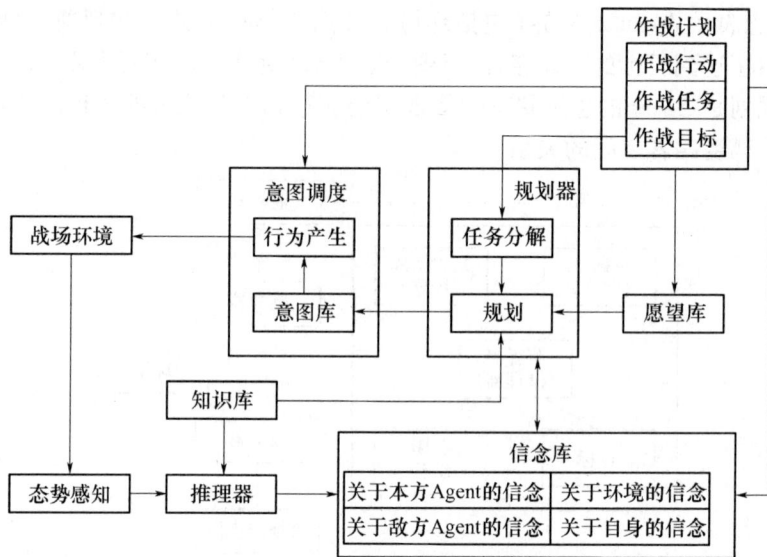

图 7 - 2　基于 BDI 的 CGF 实体结构图

对图 7 - 2 的解释如下:

(1)战场环境:作战实体所处的世界,满足 5.3 节中战场环境的定义,即该环境是自然环境以及其他物理对象所构成的战场空间环境。战场环境是独立于实体"意识"之外的客观物理世界。在没有认知之前,其属性和关系是零散和开放的,即通过某种格式数据或语言进行客观描述,并能够被获取。

(2)态势感知:作战实体通过各种传感器,包括雷达、红外、可视化以及通信等获得战场中相关事物,如自然对象和作战实体的属性,并对其感知的信息进行解释和分类,形成关系。通过态势感知,实体形成对战场的初步认识。

(3)知识库:存储作战实体认知所需的概念、关系、规则、公理、约束等。

（4）推理器：通过态势感知获得的战场环境信息与知识库中的概念、规则等相匹配，形成对战场环境中各种对象的认知。通过认知生成并更新信念。

（5）信念库：存储作战实体对外部环境和其他实体的认识和判断信息。信念是实体关于环境信息、其他实体和自身信息的集合。这些信息可以确切知道（确信信念），或在确切知道的基础上假设知道（假设信念）。主要包括对战场环境属性的信念、对敌方实体属性的信念、对友方实体属性的信念，以及对自身能力的信念。信念库中每一项属性的当前信念是由前一时刻的信念和当前时刻的感知共同决定的。

（6）作战计划：外部（操作人员或其他实体）提供给实体的作战指示。计划具体应当至少包括以下内容：

① 作战目标：完成一次作战计划需要达到的目标。作战目标是针对某次计划的总体目标，实体在执行作战计划，实现作战目标的过程中可以将目标分解，直至原子目标，以约束实体的行为。

② 作战任务：完成一次作战目标需要实现的阶段性任务，即计划的中间环节。作战任务对计划执行过程中的时间过程、空间地域、动作序列等提出明确的要求。

③ 作战行动：完成作战计划或作战任务需要执行的动作序列，是对 Agent 行为的约束规定。

（7）愿望库：存储实体愿望的动态数据库。愿望库是一个具有优先级的愿望队列，具有最高优先级的愿望先被规划器处理。

（8）规划器：作战实体选择执行的动作必须是为实现愿望承诺执行的动作，是意图的一个部分。所以需要引入规划，将分配给规划器的目标转换为规划活动。时间规划是规划的一项重要内容。规划器需要信念库的支持。从信念库中获得的历史案例，有些情况下可以直接作为规划结果；没有历史可参考的规划行动，也必须在信念库的支持下进行，因为没有信念的规划是不可能实现的。

① 任务分解：计划提供给实体的任务一般不适合直接执行，需要结合其目的进行分解，使实体可以在计划执行的各阶段有明确的目标和任务。同时，任务分解也可以详细说明计划对实体的约束。

② 规划：从愿望到意图的实现过程中，实体为愿望执行规划，以明确愿望是否是可能实现的，即得到目标，进而判断是否存在部分规划，满足对意图的约束条件，最后选择一个部分规划进行承诺，产生意图。

（9）意图调度：作战实体对一个态势可以产生一组愿望，一组愿望产生一个意图，那么对多个态势就可能产生多个意图。根据战场的实时情况不断从意图库中调出意图执行。而且每个意图的执行时间和执行周期不尽相同,都需要进行调度执行。

① 意图库,存储规划结果——意图的数据库。

② 行为产生,根据意图,实体产生行为序列,作用于战场环境,以实现意图。行为是可分解的,即高层行为可以分解为低层行为,直至原子行为。原子行为一般是作战实体所具备的物理行为。

7.2　军事组织模型

现代战争中的军事组织尽管在结构上与传统的军事组织基本保持一致,但是随着武器装备、机动能力和通信系统等不断发展,战争已经完全进入到信息化的作战样式。军事组织的形式从单纯的树状结构向以树状为主干的网状方向演化。作战实体既有上下级的任务分配和指派,又有同级之间的密切协作,甚至还有跨层次之间的任务协作。面向任务的、基于功能的组织是信息化作战中的军事组织的主要形式。在作战兵力智能建模中应充分考虑这些变化对建模的影响。

对于 CGF 中的组织模型主要存在以下问题:

(1) 已有的关于组织的模型偏重于从整体角度出发给出组织关系,并着重于组织的实现和合作求解,组织模型与个体模型之间缺乏联系,使得个体模型与组织模型不能合成或形成合作。

(2) 上述模型分别以不同的社会团体为基础而建立其组织结构。因此,这些模型是针对特定领域的,不具备通用性,更不能将其直接用于军事组织建模中。

针对上述问题,文献[149]提出利用战场角色概念对作战实体进行建模,以融合组织和个体之间的关系。根据描述对象的区别,作战系统的模型可以区分为战场自然环境模型和战场角色模型,其中战场角色模型又包括相应的物理模型和行为模型。参与作战活动的实体都有其物理特性、组织特征和相应职责,称为战场角色。作战仿真系统中作战对象与现实世界中参与作战的对象相对应,包括实体和单位,即作战实体具有战场角色功能。作战实体包括作战平台,但也可能是作战人员。作战单位一般以指挥控制结构(排、连、营)或作战功能(舰机编队)为标准进行组成。文献[138]认为,角色是与个体在群体中地位相一致的一整套权利、义务的规范与行为模式,是群体对处在某种特定地位的个体的行为期待,是构成群体的基础。作为一种抽象的逻辑层次,角色实现了群体与具体个体之间的隔离,使群体的组成更加稳定,任务的分配和实现也更加灵活可靠。

　　组织中的作战兵力(Agent)为实现某一作战目标,其信念应当包括对自身的信念、对上级的信念和对下级的信念。同时,上级的作战意图和本级的作战计划也是 Agent 需要了解的内容。文献[154]定义的基于描述逻辑的 Agent 组织模型,考虑了组织间的行动目标的传递性,但是没有考虑组织间计划的传递性。树形结构一般是基于指挥关系而提出的结构模型。现代战争的复杂性使得组织的机构模型需要考虑层次之间的关系,建立这些关系的基础是作战中 Agent 之间的指挥、功能、通信和合作。这里提出的 CGF 中的军事组织模型如下:

　　定义 7.1:组织模型,

$$Org: = \{ID, Agents_R, Plans, Orgs'_Q, Goals'\} \qquad (7-1)$$

式中:ID 是组织的标识符,用于确定本级组织在整个组织中的位置;$Agents_R$ 表示组织中具有 R 关系的作战实体的集合;Plans 表示本级作战计划;$Orgs'_Q$ 表示下级组织,且组织间具有关系 Q;Goals′表示本级对下级(可能包括非下级)下达(通知)的作战目标。组织的 Plans 中包括了对本级组织的目标描述,即 Goals ∈ Plans。组织的本体模型如图 7 - 3 所示。

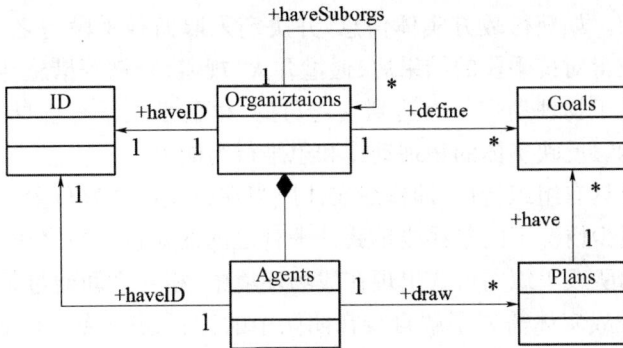

图 7 - 3　组织模型

　　组织的定义描述了组织内部中作战实体之间的关系以及组织间的关系,组织内部用共同的作战计划约束作战实体的行动,对组织外部的行动计划只提供作战目的的约束,其行动计划应由本级拟定。如,水面舰艇编队对舰攻击中,编队指挥只对各舰下达基本作战目的和要求,为完成目标的具体方案和行动计划及其实施则由各舰完成,并需上报编队指挥进行确认,编队指挥需要协调各舰行动,以消除其中的冲突和矛盾。

7.3 作战实体角色建模分析

军事系统是多 Agent 系统,具有一定的社会属性。从社会学的角度考虑,上述定义对战场角色的定义过于简单,根据军事行动的社会属性,以下为作战实体的角色定义:

作战实体角色是指与作战实体在军事系统中所处的地位相一致的行为规范和行为模式的总和,是对具有特定能力的作战实体的行为期望。即,角色是作战实体在军事组织中所处的地位,并按照所处组织的期望(命令或计划),运用其固有的能力来完成期望(命令或计划),履行其相应职责的行为。角色规定了实体的活动范围和与其地位对应的权力义务和行为规范。

根据角色定义,充当战场角色的作战实体应当具有以下特点:

(1)实体具有自身的结构、属性和能力。角色的模型包括物理模型和行为模型。物理模型是角色为实现其目标而作用于战场环境并且改变环境状态的行为动作。行为模型又可称为思维模型,是对角色指挥控制行为和能力的表示(态势评估、计划的制定和修改等)。行为模型的作用是处理感知的信息,经过认知、推理获得判断结果后,进行决策,并驱动物理动作的执行,以达到改变战场态势的目的。如获得敌方实体信息,并决定采取何种手段与之对抗,属于思维动作。而获得对抗手段的结果后,通过开火、规避、防御等措施与敌方进行对抗的行为则属于物理动作。为达到上述目的,角色必须具有自身的结构模型,该模型应当能够反映实体的物理动作和思维行为能力。

(2)角色具有组织特征,即作战实体应当在组织中占有位置。现代战争的特点决定了极少情况下的单兵或单武器平台之间的对抗。与之对应,作战仿真实体总是以团队或组织的形式出现在战场环境中,相互之间通过某种关系结合成队或组。作战实体需要了解自身在团队中的位置,其上级、下级、友邻,甚至团队之间的关系等多种情况。其模型的团队属性应包括对作战实体组织特征的描述。

(3)作战实体应当承担与其能力、地位(位置)相当的责任,即具有社会属性。智能实体应具有反应性、预动性和社会行为能力。社会属性属于作战实体在军事领域行为模型中的部分。首先,实体应当了解自身具有的能力以及在组织中所处的位置,然后承担起与之相当的责任,即使有时责任或任务计划超出其能力范围之外。对于作战行为而言,作战实体有时需要无条件的承担。这是军事领域 Agent 与其他领域如商业 Agent 等所具有的最大不同之处。后者以协商为主要行为,而前者则以服从为主要准则。

（4）作战实体的角色具有依赖性、动态性和多样性。依赖性是指角色的地位依赖于其能力和在组织中的位置,其存在依赖于任务或命令;动态性指在作战实体的生命周期内,可以根据需要添加和删除角色;多样性指通用一个实体可以担当不同的角色。

（5）组织的演化。由于作战过程是动态的、不确定的,组织结构会随着作战过程的推进,以及实体的加入、离开发生变化。这种角色的变化是动态的,需要通过与时间相关的过程,如事件本体来刻画,其内容应当包括原因、过程和结果等。

7.4　作战实体的角色模型

7.4.1　作战实体的角色描述

角色模型是从实体的社会属性定义其行为,有如下假设:担当角色的实体应当完全服从上级指派的任务,对不能实现的目标,在上级没有明确命令其放弃前,应当继续无条件执行。角色具有向上级报告任务执行情况的责任。

用 Agent、能力和地位、计划/目标（命令）等六元组描述角色:

定义 7.2:角色,

$$Role：= < Agents, Abilities, Stations, Authorities, Policies, Goals >$$

$$(7-2)$$

（1）Agents,担当角色的作战实体,是具有 BDI 思维状态的智能实体,并可以表现其与组织中其他团队或个体之间的（静态）关系。

（2）Abilities,能力,作战实体为完成某项任务所表现出的行为,并且该行为能够完成任务的目标。能力由动作表示。动作具有施动者和受动者,可以用关系描述:

如果 $\exists A \in \{Agents\}$,则至少存在一个 $B \in \{Abilities\}$,有

$$HasAbilityof(A, B)：= \bigcup_{i,j} \{Act_i(A, T_j) \mid Act_i \in \{Actions\}, T_j \in \{Objects\}\}$$

$$(7-3)$$

实体 A 具有能力 B 描述为,关于施动者 A 能够对受动者 T_j 执行一系列动作 Act_i。其中,受动者是战场环境中的某个对象,包括自然环境对象、作战实体

和组织。为支持能力描述,需规定一系列原子动作,如移动、定位、发射、开火等。原子动作通过组合可以形成复合动作;原子动作和复合动作是实体能力的体现。能力是实体的静态属性,是实体对自身信念的重要组成部分。当实体具有执行动作的意图时,能力才能显式地体现出来。但是,这并不影响实体对能力的信念。

(3)Stations,地位,是相对抽象的概念,是实体在组织中所处的位置。用关系描述,由实体与上级(Org_s)的关系(R_S)、与下级(Org_j)的关系(R_J)、与本级实体(A_l)的关系(R_L)确定:

$$\mathrm{Station}(A) := \left\{ \bigcup_{s,j,m} \left(\left(R_S(A,\mathrm{Org}_s) \cup R_J(A,\mathrm{Org}_j) \cup R_L(A,A_l) \right) \right) \right\}$$

$$(7-4)$$

(4)Authorities,权限,与能力、地位相当的权力以实现其目标,包括使用资源的权限、执行行动的权限和对下属发布命令的权限。权限由规章确定。

(5)Policies,规章,对角色进行约束,是具有"法律"效力的约束,定义了角色的地位,应当履行的职责、承担的义务,以及调用资源的权限。规章可以通过两种表现方式对角色进行约束:

① 只规定必须履行的章程。此种方式下,规章只对角色必须履行的责任和承担的义务进行规定。具有相应能力并获得地位的角色应当执行此种规定。

② 只规定不可违反的章程。此种方式下,规章只对角色不能违反的规定进行描述。

上述两种方式结合,对实体的地位和权限形成约束。章程可以以规则或函数的形式表现。

(6)Goals,目标,能力和地位是角色的静态属性,只有当赋予实体或组织以作战目标时,角色才能真正体现。为实现目标,实体构建属于自身信念角色。根据图7-2,作战实体的愿望表现为根据目标和信念的规划,意图则表现为一系列的行为。这样,愿望、意图可以通过规划、行为目标等进行描述。上级组织的信念愿望和意图可以通过计划和目标传递到本级实体思维中。

7.4.2 实体角色的本体模型

定义7.3:角色本体,

$$\mathrm{Role\_Onto} := < \mathrm{Rl\_Concepts}, \mathrm{Rl\_Relations}, \mathrm{Rl\_Functions},$$
$$\mathrm{Rl\_Axioms}, \mathrm{Rl\_Instances} > \qquad (7-5)$$

式中:Rl_Concepts、Rl_Relations、Rl_Functions、Rl_Axioms、Rl_Instances 表示角色

本体中的概念、关系、函数、公理和实例。

角色中的概念与角色的能力和所执行的任务相关。同样的能力，或同一作战平台，在不同的任务环境中所具有的角色不尽相同。同时由于处于组织中，角色必定具有等级。定义角色的概念和属性包括：实体（Agents）、角色（Roles）、团队（Teams）、组织（Organizations）、层次（Hiberarchies）、级别（Ranks）、权限（Authorities）、目标（Goals）、任务（Tasks）等。与组织关联的角色首要概念是级别和权限。级别代表角色在组织中的地位，权限是权力的表达，与级别直接相关但不完全相同。权限是对执行行动的权力、使用资源的权力和指挥下级的权力的概括。

实体角色中的关系主要包括三点：

（1）从组织角度，需要考虑角色与个体、组织之间的关系，即构建角色在组织中的静态关系和属性，由于作战中各参战实体间静态结构关系的不同所产生的角色间交互行为关系。尽管上面已经说明，现代战争的复杂性使得实体在组织间的关系不再是简单的层次关系，但是由于指挥控制的原因，层次关系、上下级关系仍然是组织中主要的关系，其他关系是层次关系的扩展或补充。

（2）从功能角度，需要考虑角色与其能力，以及赋予的任务和目标之间的关系，即建立角色描述的动态关系。由于作战中各参战实体间任务的不同所产生的层次拓扑结构关系，主要包括指挥控制关系、对等关系、通信关系、依赖关系等。

① 具有指挥控制关系的角色间交互行为包括指派（Assign）、命令（Command）、通报（Inform）、报告（Report）、请求（Request）等；

② 具有对等和通信关系的角色间交互行为包括掩护（Cover）、协作（Cooperate）、告知（Announce）等；

③ 具有依赖关系的角色间行为包括支援（Support）、保障（Logistic）等。

（3）从关系的角度看，作战实体在静态时形成组织，动态时由于行动目标的参与使得实体需要结合成团队以完成目标。所以，动态时形成团队或聚合体（Aggregation）。

角色本体模型如图7-4所示。

对该模型的解释如下：

（1）Agents，即作战实体，具有BDI结构，其中B为信念；D可以认为是计划（Plans）和任务（Tasks），也可以认为是根据上级实体或组织提供的目标所产生的规划；I可以认为是目标（Goals）和行动（Actions），即根据规划所构成的目标以及实现目标所需要的行为动作。

（2）信念（Beliefs），包括实体对当前世界或态势（Situations）的信念和对自

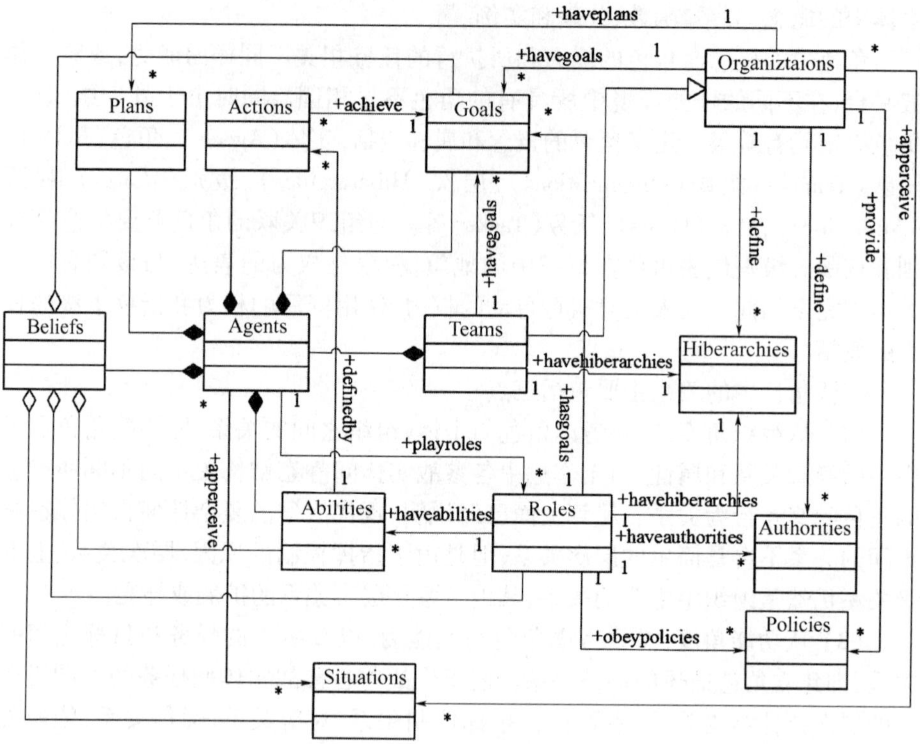

图 7-4 角色本体模型

身的信念。自身的信念是对能力、行为、目标和角色的信念集合。

（3）角色（Roles），是 Agent、能力、地位、规章、权限和目标的集合。角色拥有权限、遵守规章、具有实现目标的能力,同时角色在组织和团队中应当具有层级（Hiberarchies）,并通过层级可以获得其级别（Ranks）。

（4）组织（Organizations）,定义了角色的权限、规章和层级。团队（Teams）是组织的子类,即一种组织形式。

（5）团队（Teams）,组织的子集,由实体聚合而成,为执行某项任务而组成的行动单元。根据 4.3.2 节商空间理论中对结构的划分,个体（Agents）、团队（Teams）和组织（Organizations）形成角色模型中的组织粒度。

7.4.3 角色本体中的公理

各种概念、概念间的关系,以及由各种关系所确立的行为约束可以利用相关的公理表示,形成推理规则以便应用到知识推理。角色本体中的公理举例如下:

公理 7.1：作战实体必定属于某个组织。

$$\forall a \in \{\text{Agents}\} \rightarrow \exists \text{Belongsto}(a,o), o \in \{\text{Organization}\} \quad (7-6)$$

公理 7.2：作战实体组织具有层次性。

$$\forall o \in \{\text{Organization}\}, \exists h \in \{\text{Hiberarcy}\} \rightarrow \text{HasHiberarchy}(o,h)$$

$$(7-7)$$

公理 7.3：角色可以由组织和作战实体扮演。

$$\forall e, \exists r(\text{Plays}(e,r)) \rightarrow e \in \{\text{Agent}\} \cup e \in \{\text{Team}\} \cup e \in \{\text{Organiztaion}\}$$

$$(7-8)$$

公理 7.4：作战实体下属关系具有传递性。

$$\forall r_1, r_2, r_3 \in \{Role\},$$
$$(\text{Subordinatesof}(r_1,r_2) \cap \text{Subordinatesof}(r_2,r_3)) \rightarrow \text{Subordinatesof}(r_1,r_3)$$

$$(7-9)$$

下属关系是非反身的、反对称的,即作战实体个体不是其自身的下属,也不存在两个角色分别是对方的下属。

公理 7.5：作战实体至少具有一个角色。

$$\forall a \in \{\text{Agents}\} \rightarrow \exists \geqslant_1 \text{HasRole}(a,r), r \in \{\text{Roles}\} \quad (7-10)$$

公理 7.6：如果作战实体担当了某种角色,则实体一定被赋予某项任务。

$$\forall e \in \{\text{Agent}\}, \exists r \in (\text{role}), (\text{Palys}(e,r)) \rightarrow \exists t \in \{\text{Task}\}, \text{HasTask}(e,t)$$

$$(7-11)$$

公理 7.7：角色能力具有传递性,即作战实体扮演角色,则实体能力可以传递给角色。

$$\forall a \in \{\text{Agent}\}, \exists b \in \{\text{Ability}\}, \exists r \in \{\text{role}\},$$
$$(\text{Plays}(a,r) \cap \text{Hasability}(a,b)) \rightarrow \text{HasAbility}(r,b) \quad (7-12)$$

公理 7.8：作战实体的信念具有传递性,即如果实体具有信念,则角色可以拥有该信念。

$$\forall a \in \{\text{Agent}\}, \exists b \in \{\text{Belief}\}, \exists r \in \{\text{role}\},$$
$$(\text{Plays}(a,r) \cap \text{HasBelif}(a,b)) \rightarrow \text{Hasbelief}(r,b) \quad (7-13)$$

7.5　组织和角色的动态性

随着作战过程的进行,组织对作战目标需要不断进行评估,组织和个体的目标及子目标(可以理解为组织及实体的愿望和意图)会不断发生变化,角色也要相应地变化。影响角色变化主要有组织的变化和作战实体关于自身信念和愿望的变化。为描述此两种变化形式和过程,参考文献[160]关于组织中消息的定义,首先分析组织内部和组织之间的信息交互关系。

1. 组织中的信息交互

组织的信息交互包括两方面的内容:

(1)本方组织内部的信息交换,以控制流和信息流两种形式实现。控制流是上级对下级,组织对个体的作战命令和作战计划、下级对上级的报告、请示等,属于指挥与命令的内容。信息流是指与作战相关的战场态势中的信息数据,如目标的位置、本级组织和个体的位置状态等。

(2)非本方组织之间的信息交互,是指不同组织通过不同个体的不同传感器(雷达、通信)获得对方组织或个体的信息。组织获得的信息既包含直接获取的信息也包括融合后的信息。

为描述组织间信息交换,定义消息。

定义 7.4:消息,由五元组定义,

$$\text{Message} := <\text{ID},\text{Types},\text{Sources},\text{Dests},\text{Contents}> \qquad (7-14)$$

式中:ID 是消息的唯一标识符;Types 是消息的类型,可以根据不同的应用进行定义。如将消息定义为 some——某些和 all——全部,即消息发送给某个(些)实体还是全部实体;Sources 是消息源;Dests 是消息的目的;Contents 是消息的内容。

这里定义的消息是一种事件,具有事件的时空属性。根据信息交互的内容,消息可以分为 3 类:

(1)指控消息,描述组织间指挥控制命令;

(2)数据消息,组织之间传递的数据信息;

(3)感知消息,作战实体感知世界的行为。

2. 组织的动态性

组织的动态演化通过两种方式实现:

(1)上级指派,是指上级组织或实体因为作战目标或作战计划的更改,赋

予本级组织以新的作战目标或命令,导致本级以及其下属组织的重组。重组仍然基于组织和个体的行为能力以及作战目标。上级指派属于组织的内部更新。

(2) 外部干预,是指由于作战过程中作战实体的毁伤导致其丧失作战能力,而不能继续为目标服务。因此需要本级组织重新评估组织目标和行为能力之间的胜任关系,进行新的组织划分。

组织动态性内容包括:

① 个体的加入与退出;

② 组织结构和功能的变更;

③ 角色信念、计划、目标等的更新。

组织演化的情形在实际作战中以不同的形式表现,但是在本体建模中都以事件的形式进行刻画,如图7–5所示。

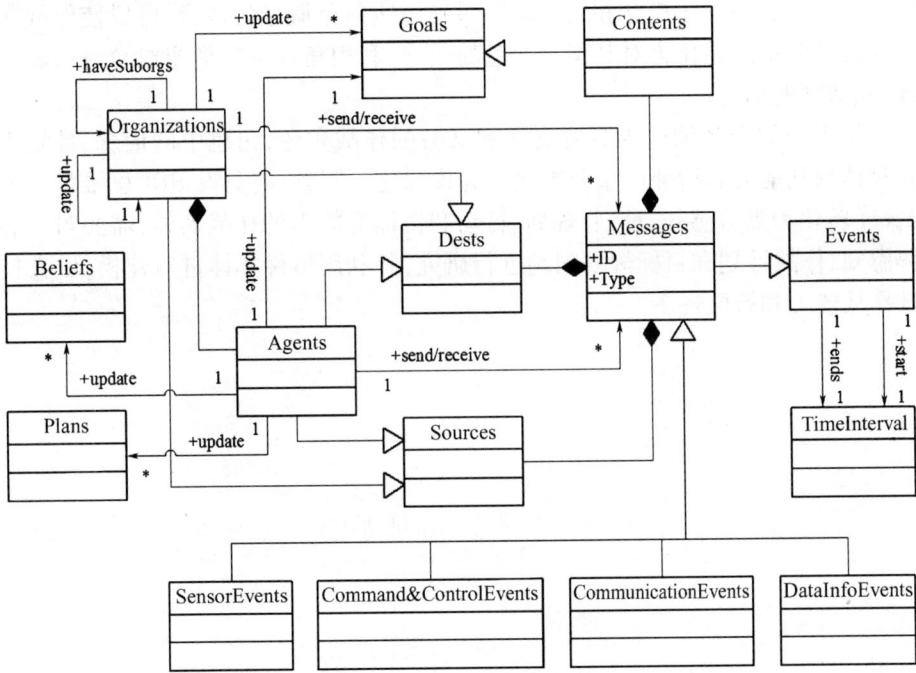

图7–5　组织的动态性模型

定义4种类型的消息事件:

(1) 传感器事件(SensorEvents),描述组织或 Agent 通过传感器获得组织的当前状态;

(2) 指挥控制事件(Command&ControlEvents),描述组织内部指挥控制事件

（控制流）；

（3）数据信息事件（DataInfoEvents），描述组织内部数据事件（信息流）；

（4）通信事件（CommunicationEvents），是指挥控制事件和传感器事件的子集，描述组织内部的通信事件。

7.6　小　结

本章在分析基于 BDI Agent 的基础上，建立了作战实体的组织模型，对作战仿真中的角色建模进行了分析，提出了基于本体的作战实体角色模型，并定义了其中的概念、关系和公理等。本章从社会性角度定义了作战仿真中的军事组织模型和角色模型，说明了角色的能力、责任、地位和规章等概念的含义及其之间的关系。利用这些概念和关系能够明确表达角色概念的内涵，可以使作战实体对自身的信念转化为对其担当角色的信念，利用角色本体形成对自身信念的规范、清晰的描述。

组织中的个体演变为具有责任和义务的作战角色，角色中的信念、计划更新是体现其能力和智能的重要方面。为说明这一问题，将具有 BDI 思维状态的 Agent 转化为具有感知、计划、规划、行动和目标等能力的作战实体，需要对其态势感知、作战计划和目标规划问题进行研究，并利用事件本体进行建模，以支持其作战能力和智能性。

第 **8** 章

CGF 中的态势感知本体
和作战计划本体建模

本章首先分析了 BDI Agent 在智能兵力建模与仿真中的实例化问题,即如何将 BDI 中的信念、愿望和意图形式化或实例化为作战实体的思维状态,分析了态势感知、作战计划与 BDI 之间的关系,提出了建立作战实体态势感知(SAW)本体的方法和模型。利用事件本体进行 SAW 建模,定义了 SAW 本体中的概念、属性、关系、公理和实例等,并给出了 SAW 本体模型。分析了作战计划本体中存在的主要问题,给出了计划本体的形式化描述和模型,利用时间公理进行刻画 SAW 和作战计划中的动作序列的关系问题。

8.1 研 究 现 状

战场态势感知(Situation Awareness,SAW)是信息融合领域研究的问题之一。基于 JDL 结构的 SAW 研究是国际上广泛采用的方法,其结构如表 8 – 1 所列。其中,SAW 属于 L2 层次,定义为:评估和预测实体之间的关系,包括兵力结构、兵力间的关系、通信以及知觉影响、物理环境等。JDL 模型不但是感知、获取环境信息,更重要的是获得结论,即环境中事物之间的关系。

表 8 - 1　JDL 的数据融合层次

融合层次	关联过程	评估	实体评估
子对象评估	指派	探测	信号
对象评估		属性	物理对象
态势评估	聚合	关系	聚合(态势)
效果评估		计划交互	聚合结果(态势,给定的计划)
过程改进	计划	(控制)	(行动)

对 SAW 的本体建模主要集中在 Matheus、Kokar、Baclawski 以及 Boury - Brisset 等人的研究,包括如下内容:

(1)文献[10]建立了 SAW 核心本体,引入事件通知概念。事件发生导致传感器传送新的信息,这些新的传感器信息的通知即 EventNotices,它包含了传感器在影响关系和属性的指定时间区间内,观察到真实世界态势的事件信息。

(2)文献[9]在文献[10]核心态势本体的基础上,建立了态势感知本体辅助工具 SAWA,以提供开发 OWL 本体和 SWRL(Semantic Web Rules Language,语义网规则语言)规则的工具。

(3)文献[59]提出了态势理论本体模型,定义了 SAW 本体的对象、类型,以及态势语义理论推理;定义了 $infon: = < < R, a_1, a_2 \cdots a_n, 0/1 > >$,以描述对象间的关系。根据 infon 原理,建立了相关 SAW 模型。其中,R 是 n 维关系;a_1,$a_2 \cdots a_n$ 是关系 R 相关的对象;0/1 表示 infon 的极性。如果对象间具有关系 R,则为 1,不具有则为 0。

(4)文献[64]研究基于上位本体(UpperOntology)的态势感知,提出了一种 SAW 评估框架。该框架主要包括顶层概念和 SAW 相关(SAW - specific)概念。顶层概念包括对象、属性、事件、态势;SAW - specific 包括空间和时间、主题角色、态势类型和对象态势。

(5)文献[1]研究了促进异类数据和知识源信息融合的本体的角色问题,认为基于本体方法的信息综合包括 3 个层次:表示层、本体层和物理层,同时给出了开发信息融合本体的方法论,研究了 L2 和 L3 层次的数据融合的本体工程,对建立本体开发、管理环境给出了建议。

(6)文献[46]给出了 SAW 的形式化方法,着重研究基于对象知识的派生关系,将 Slang① 规则作为公理用于 DAML,建立了 SAW 的顶层形式化模型。同样,该模型将事件引入对象和关系的变化中,认为本体不需要对全部态势对象或关系流进行描述,而是只描述没有以断言方式明确改变的部分。

上述面向作战领域的 SAW 建模为作战实体的 SAW 建模提供了参考。但是,由于基于 BDI Agent 的行为建模需要对 BDI 模型进行描述,不能直接将上述模型用于虚拟环境中的 SAW 建模中。如,文献[10]和[46]的事件通知方法,或文献[59]的 infon 描述依赖于对事件量测,即考虑在 t 时刻态势的状态。该模型实现了静态向动态语义的扩展,可以有效解决某一时刻态势状态发生的变化,但是缺乏变化的详细信息,没有建立变化的机制,无法实现某一时间范围内态势的描述和表达。所以,需要将 BDI 与 SAW 相结合,以建立作战兵力感知世界、形成信念的 SAW 模型,为其有效推理提供支持。

国外对作战计划研究较早,计划模型比较成熟。以 DARPA 早期的作战计划模型为基础,先后建立了 KRSL(Knowledge Representation Specification Language Plan Ontology,知识描述规范语言计划本体)/KRSL – Plan、CPR(Core Plan Representation,核心计划描述)、I – N – OVA(Issues – Nodes – Orderings/ variables/ auxiliary,问题—节点—顺序/变量/辅助)、SPAR(Shared Planning and Activity Representation,共享计划和活动描述)、JFACC(Joint Forces Air Component Commander Plan,联合力量空中组件命令计划)、DISCIPLE/DISCIPLE – COA 和 PLANET(PLAN Semantic Net,计划语义网)等。这些计划模型为通用的、与领域无关(domain – independent) 的概念,以便于不同计划系统间的信息交换,其中的概念包括行动和活动、计划、约束、目标、评估标准、时间和空间、资源、世界和世界状态等。文献[2]对上述模型进行了综述。

文献[18]对任务规划本体建模的形式化进行了研究,提出了任务规划的通用规范,并利用行动概念建模语言(Operational Conceptual Modeling Language,OCML)进行形式化描述。文献[52]创建了模块化的计划本体,利用 DAML + OIL 进行描述。该本体是在 SUMO(Suggested Upper Merged Ontology,参考上位融合本体)的基础上建立的,通过将文档信息转换为本体模型的形式,用于文本形式本体文档的结构化。文献[44]扩展了时间通信序列过程(Timed Communicating Sequential Processed, TimedCSP)实现具有时间属性的作战计划建模。该模型对约束逻辑程序进行了扩展,并开发了一种面向JAVA应用的推理引擎。

---

① 一种 C 语言格式的脚本处理函数代码库,可以执行 C 语言格式的脚本文件。

国内对作战计划建模的研究起步较晚,没有形成类似 DARPA 所提出的系列框架和模型,文献研究主要包括基于 HTN(Hierarchical Task Networks,层次任务网络)的作战计划建模、语义推理的计划验证和作战计划策略建模。HTN 通过规划过程中的任务分解进行建模。任务完成的标准是结果网络只包含原子任务,并且解在给定的约束情况下存在。语义推理的计划验证是通过对计划知识进行基于本体的表示、基于描述逻辑及一阶谓词逻辑的逻辑推理,以实现对联合作战行动过程的验证。作战计划策略建模则通过提炼影响作战(空战)制定的关键因素和对计划策略的描述,分析作战计划的优劣。

上述作战计划模型,多数是基于本体建模建立的,面向实际作战过程,没有针对 CGF 中的作战计划建模进行专门的研究。并且上述研究的目的都是提出作战计划统一或通用的形式化描述规范,其模型的可执行性不能满足作战仿真的需要。CGF 中作战实体的作战计划来源于实际的作战过程,但需要根据 CGF 的特点考虑作战计划与作战兵力的思维状态相结合的问题。

8.2　作战实体态势感知本体建模

8.2.1　基于事件的 BDI Agent 模型

将文献[40]提出的基于事件的 BDI Agent 结构用于作战实体模型,与图 7-1 及图 7-2 的 BDI Agent 和基于 BDI 的作战实体模型相结合,有图 8-1 所示基于事件的作战实体模型。

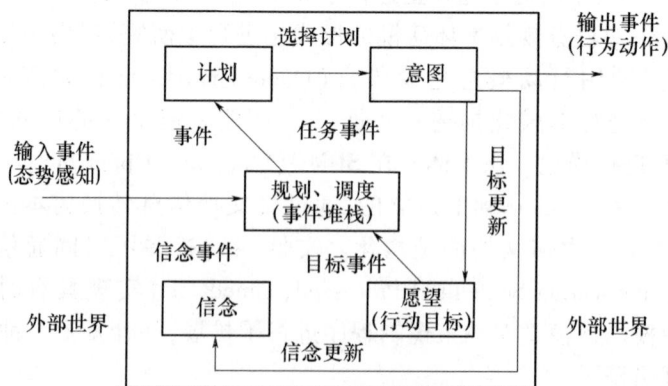

图 8-1　基于事件的实体结构

该模型中,所有的交互都通过事件进行。实体推理和决策的核心仍然是规划和调度。输入事件即是实体对外部世界的感知过程,可以理解为SAW。SAW是实体获得外部世界环境状况的唯一途径。计划以独立形式成为实体的一个组件。愿望是行动目标的集合,通过规划和调度获得作战计划。意图则负责从已有的计划中选择并进行执行,意图还负责对信念和愿望中的目标进行更新。

建立可靠的SAW模型有助于作战实体认识自身所处的环境、实体与外界环境以及环境中实体所关注的要素之间的关系,使作战实体在动态环境中确定感知到的信息,并分享发现的知识,以支持其信念的生成和进一步的推理过程。基于BDI Agent的行为建模中,信念的形成需要两个前提:环境信息的获取和丰富的知识库。

在众多的SAW研究中,基于本体的SAW建模是当前研究的一个新方向。这些研究及建立的SAW模型面向的是真实物理世界的军事行动,其目的是提高军事行动的作战效果,提高决策水平和缩短决策时间。CGF建模与仿真领域的SAW本体建模与真实世界中的SAW本体建模既相互区别又有关联,其过程与真实世界中的SAW建立过程相似;其目的是为提高作战实体的智能推理和决策水平。仿真中作战实体SAW与BDI Agent模型的相互关系主要体现在:

(1)获取环境信息的过程是对环境的感知、认知。通过态势感知事件,作战实体可以获得外部世界的环境和其他实体的信息,并根据已有的信念库形成对外部环境的判断,即对环境进行认知。

(2)通过对战场态势的认知并使实体获得信念,以此决定其行为的选择,即行为的选择也是基于其对战场态势感知能力。

8.2.2 SAW 中的世界模型

目前有关CGF Agent行为的研究大多集中在决策和学习行为上,在很多作战仿真系统中,CGF Agent收到的信息都是真实的客观情况,即具备完全的感知能力。这种从外部环境中获取完全、准确信息的假定不符合客观实际。这是"错误的感知,正确的决策"造成的结果。这说明不能忽视感知行为的重要性。

由于感知行为模型在战场仿真中的重要性,美国空军率先对感知行为建模、评估及可用性进行了研究。总体来说感知行为模型可分为两类：描述性（Descriptive）模型和可计算（Prescriptive or Computational）模型。目前，绝大多数感知模型都是描述性模型。

文献[59]将 SAW 抽象为 4 个层次，如图 8-2 所示，包括世界（World）、感知（Perception）、理解（Comprehension）和预测（Projection）。

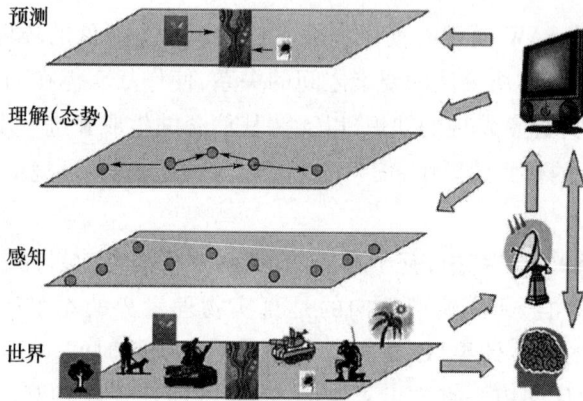

图 8-2　态势和预测

另外，Endsle 在 1995 年提出的动态决策环境感知模型影响最大，又将感知分为 3 个层次：

（1）观察环境中的要素，识别关键要素，并定义环境当前态势；

（2）理解当前态势，综合第一步的观察结果形成战场态势；

（3）预测战场态势走向。

描述性的感知模型以比较直观的方式解释感知行为的产生机理，在感知行为研究的最初阶段发挥了很大作用，但是它不支持感知过程的定量化建模，也就不能实现仿真的自动化，因而不能嵌入到实际的仿真系统中替代人的感知行为。

从感知行为的可计算性角度，认为 CGF Agent 的感知行为就是通过 CGF Agent 的观察和分析能力从接收到的信息中获取信念（或更新信念）的活动。感知行为包括 3 个步骤：观察、分析和信念形成。观察的内容包括自身的状态信息（位置、速度、方向、姿态、武器状态等）、环境信息（地形、天气等）以及敌我双方的相关信息。通过观察而形成的态势信息作为信念存储在信念库中，传感器不断地监视着战场上的变化情况,后面观察到的信息可能对前面形成的信念进行更新,或形成新的信念;同时,当多个传感器观察同一目标,不同传感器观察到的目标信息将相互印证、对已形成的信念进行求精。因此,感知行为模型必须具备形成信念或更新信念的能力。

在 CGF 建模中,SAW 有 4 个层次:

(1)世界,即 CGF,与作战仿真相关的各种环境和兵力等事物的描述。与真实世界中事物的不精确和不确定性不同,CGF 中的事物一般有明确的定义和属性。

(2)感知,获取环境信息。态势感知除了包含一般的传感器观察、观测对象(概念)的含义,还包括调用资源库的过程。

(3)理解,建立概念间的关系,并通过关系将概念进行关联。基于 BDI Agent的智能兵力建模中,感知和理解是建立信念的重要条件,只有在充分的感知和理解世界的同时,才有可能使实体建立对世界的信念。CGF 中的作战实体应根据感知到的信息与自身已有的知识相结合,建立概念和属性的关系,并将其互相进行关联,形成对世界的认识。

(4)预测,根据当前态势、态势元素的当前状态以及战术规则和战场上的其他因素,预测未来态势,包括态势更新和推断。

8.2.3　SAW 本体形式化描述和本体模型

文献[10]中对关于 SAW 知识描述的模型有 t 时刻预测 t'' 时刻,没有考虑 t 的前一时刻 t' 时刻对当前时刻 t 的历史影响。SAW 可以只考虑作战实体对当前态势的感知,如果涉及更高一级的行为——态势预测,则必须综合考虑历史因素。所以,对其模型进行扩展,有扩展的 SAW 知识描述模型:

(1)目标理论规范 Tg。

(2)本体,即关于世界的理论 To。

(3)时间序列 $t_1, t_2, \cdots$ 下的量测流 $W_1, W_2, \cdots$。

(4)每一时刻 t,融合理论 $T^{t|t'} = \nabla_T(T_1^{t|t'}, T_2^{t|t'}, \cdots T_n^{t|t'})$,合并了所有与目标 Tg 相关的理论,该理论受到 t 的前一时刻 t' 信息的影响;同样,对 t 的后一时刻 t'',融合理论 $T^{t''|t} = \nabla_T(T_1^{t''|t}, T_2^{t''|t}, \cdots T_n^{t''|t})$,合并了所有与目标 Tg 相关的理论。

（5）融合模型 $M^{t|t'} = \nabla_M(M_{1.1}^{t|t'}, M_{1.2}^{t|t'}, \cdots, M_{2.1}^{t|t'}, M_{2.2}^{t|t'}, \cdots)$，合并了所有与目标 Tg 相关的模型；同样，也有 t'' 时刻成立。

（6）与 t 时刻相关的二元关系 $R \subset O^{t|t'} \times O^{t|t'}$，同样对 t'' 时刻也成立。其中，O 描述虚拟战场的世界环境。

上述 SAW 知识模型，涵盖了时间、量测、融合、模型和关系 5 方面的内容，是 SAW 建模的理论基础。

作战实体所处于的虚拟环境是对真实世界的抽象和重建。SAW 建模不但要建立对实体外部世界的感知模型，还需要对实体内部的概念、属性、关系等建模。实体的行为随时间推进而不断变化，对 SAW 本体建模的研究需要同时考虑与作战相关的时间、空间、实体及演化规律等多方面的问题。

定义 8.1：SAW 本体，

$$\text{SITU\_Onto：} = < \text{SITU\_Concepts, SITU\_Relations, SITU\_Functions,}$$
$$\text{SITU\_Axioms, SITU\_Instances} > \qquad (8-1)$$

式中：SITU_Concepts 表示概念集合，包括概念和概念的属性（Attributes）；SITU_Relations 表示实体间关系集合；SITU_Functions 表示函数集合；SITU_Axioms 表示公理集合；SITU_Instances 表示实例集合。

定义 8.2：概念集，包括概念定义和属性定义，

$$\text{SITU\_Concepts：} = \{\text{Concepts, Attributes}\} \qquad (8-2)$$

式中：Concepts 表示 SAW 中的概念。

定义 8.3：属性，

$$\text{Attributes：} = \{\text{Spatials, TimeIntervals, Parameters}\} \qquad (8-3)$$

表示 SAW 中的二元关系集合，用来描述 SITU_Concepts 中具有相同类型的一组对象。其中，Spatials 为态势对象的空间属性，TimeIntervals 描述对象的时间属性，Parameters 为属性的参数。

定义 8.4：空间属性，

$$\text{Spatials：} = \{\text{Domain, Topologies, Ranges}\} \qquad (8-4)$$

式中：Domain 定义空间域（空中、陆地、水面、水下）；Topologies 定义空间拓扑关系，如水面舰艇编队可根据信息交互关系构成信息关系拓扑，可以根据所处区域构成编队区域拓扑；Ranges 描述空间范围，如海战场环境中，空中与海上的作战区域。空间属性由 4.3.4 节中的空间关系模型描述。

定义 8.5：时间，

$$\text{TimeIntervals：} = \{\text{Start}, \text{End}\} \tag{8-5}$$

将时间间隔定义为一个过程，以约束动作的起始(Start)和结束(End)。时间关系满足 Allen 的 13 种时间关系模型。

定义 8.6：关系，

$$\text{SITU\_Relations：} = \{R(c_1, c_2) \mid c_1, c_2 \in \text{SITU\_Cons}\} \tag{8-6}$$

关系包括继承、组合、聚合和关联。前三者关系与前文描述相同。关联关系，表示概念间的相互作用关系，也可定义为概念的属性。关联关系是 SAW 中较复杂的关系，包括各种类内部以及类、子类之间的各种关联，主要有时间关系、空间关系、功能依赖和因果关系。

（1）空间关系可以由空间属性定义。

（2）时间关系说明动作的发生顺序。

（3）功能依赖关系描述概念间在功能上的相互关联，如舰空导弹攻击水面舰艇。功能上，导弹(M)必须具备打击目标的能力(CanAttckSurface)，水面舰艇(S)可以被攻击(CanBeUnderFire)，就有功能关联：

$$\exists M(\text{CanAttackSurface}(M)) \cap \exists S(\text{CanBeUnderFire}(S)) \rightarrow \text{CanAttack}(M, S) \tag{8-7}$$

（4）对因果关系，有

$$\exists A_1, A_2(\text{Cause}(A_1, A_2)) \leftrightarrow \text{Pre\_Cond}(A_1, A_2) \cap \text{Post\_Cond}(A_2, A_1) \tag{8-8}$$

即动作 A_1、A_2 互为前件(Pre - condition)和后件(Post - condition)。因果关系中隐含了时序关系，即只有前件完成之后并获得结果，才有可能执行后件。

定义 8.7：函数，

$$\text{SITU\_Functions：} = \{F: C_1 \times \cdots \times C_{n-1} \rightarrow Cn \mid$$
$$C_i \in \text{SITU\_Concepts} \cup \text{SITU\_Relations}\} \tag{8-9}$$

是一类特殊的关系，即模型中可由前 $(n-1)$ 个元素唯一确定第 n 个元素。函数可以用于描述规则，如飞机(F)向水面舰艇(S)开火或直接向其飞行，就可认为飞机正在攻击水面舰艇，表示如下：

$$\exists A,S(\text{Opposing}(A,S) \cap ((\text{Fire}(A,S)) \cup$$
$$\text{FlightToward}(A,S))) \rightarrow \text{Attack}(A,S) \qquad (8-10)$$

定义 8.8：公理，

$$\text{SITU\_Axioms}：= \{\text{Axioms}\} \qquad (8-11)$$

Axioms 表示军事、作战领域概念、关系等描述的公理，公理可以看成是对概念和属性的约束，包括概念内部公理和概念间公理。前者约束概念中的属性或关系以及约束类中属性或关系间的关系；后者则约束概念间的以及概念的属性或关系间的关系。面向作战兵力智能建模的 SAW 本体中的公理是对本体中概念和属性的约束、公理可以实例化为关系。如，空间关系公理，刻画域属性、拓扑关系和范围关系的公理。如，O 和 O' 为态势对象，则：

（1）每个态势对象都具有空间域属性：

$$\forall O(\text{HasADomain}(O)) \qquad (8-12)$$

（2）每个态势对象都可以与其他对象构成范围关系或拓扑关系：

$$\forall O,O'(\text{HasTopology}(O,O') \cup \text{HasRang}(O,O')) \qquad (8-13)$$

该公理说明，态势中的对象不能孤立存在，或孤立对象对态势感知没有意义。

定义 8.9：实例，

$$\text{SITU\_Instances}：= \{I \mid I \in \text{SITU\_Concepts} \cup \text{SITU\_Relations}\}$$

$$(8-14)$$

是 CGF 概念和关系的实例化表示。

根据上述定义，作战实体的 SAW 本体模型如图 8-3 所示。

（1）态势由对象、属性、关系和计划构成。态势对象可以理解为战场环境中的对象，包括环境对象和物理对象，是态势对象的子类。

（2）目标属于一种态势，刻画作战实体想要达到的世界的状态或希望维持的世界的状态。

（3）作战实体具有态势、目标、计划和规则的信念。

（4）规则定义了关系。

（5）事件的空间和时间属性用于刻画态势对象的属性和关系。

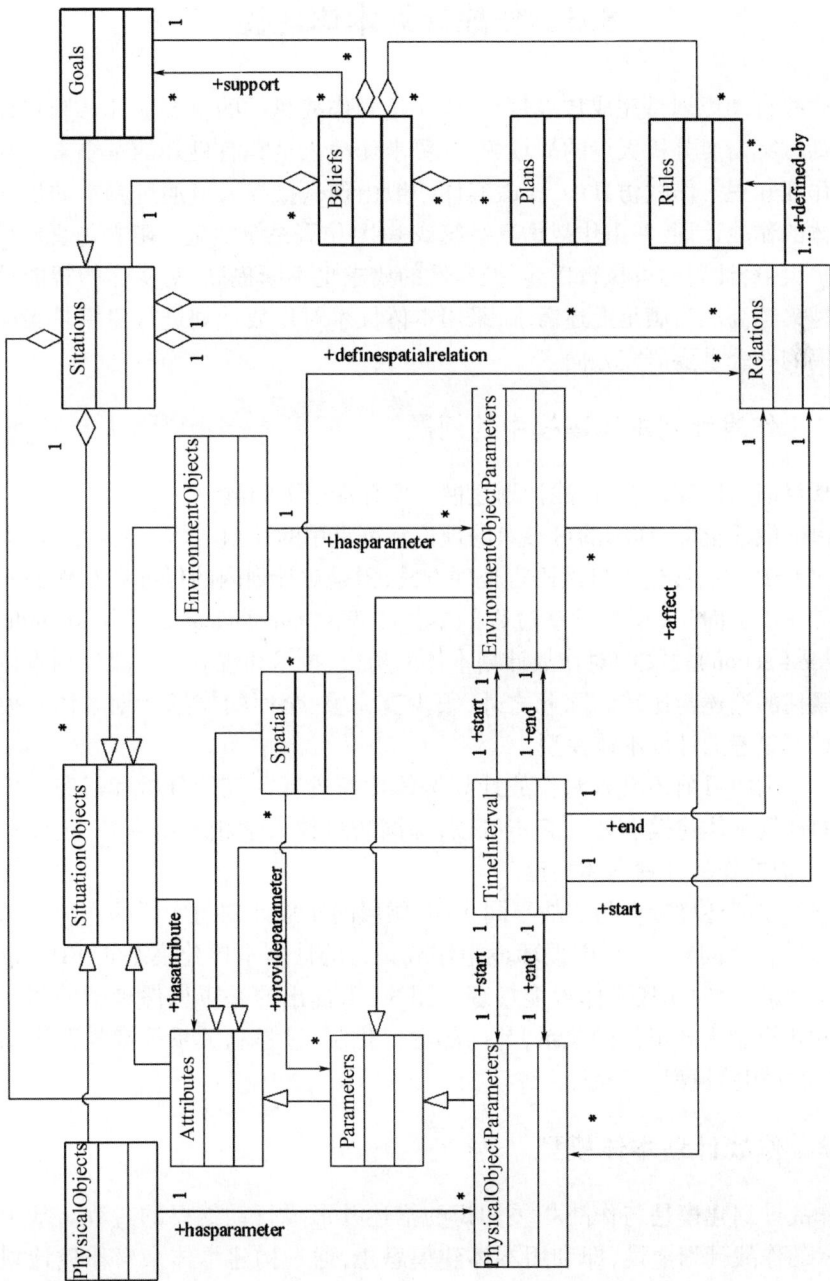

图8-3 SAW本体模型

8.3　作战计划本体建模

作战行动规划是完成作战过程,成功达到作战目的的重要保证。制定详细的行动方案需要分析大量的战场数据,要求作战人员具有良好的军事素养和丰富的作战知识。作战仿真中,作战实体一般由仿真操控人员通过脚本的形式给出实体的作战计划,并由作战仿真系统或 CGF 仿真系统实施。随着仿真规模的不断扩大,对计划的可执行性、互操作性的要求也不断提高,对实体的智能性要求也越来越高。为满足上述需求,采用本体技术对作战计划进行建模是当前计划建模的一个重要研究方向。

8.3.1　作战计划本体建模中的问题

从目前的研究来看,作战计划建模主要存在以下问题:

(1) 缺乏全面、详细的可参考的理论和可重用的计划本体。文献[44]提出的时间 CSP 方法接近于自然语言处理方式,但是对计划内的任务和动作的时间规划考虑不全面。《军事行动过程的本体模型》(Ontological models for military courses of action)一文中对作战计划本体的历史、技术和现有的作战计划本体进行了概括的论述与比较。除此之外,很少有完整、全面的作战计划本体建模的理论和可参考的计划本体模型。

(2) 国内目前还没有对作战计划本体建模进行系统的分析和研究。军事领域的计划本体建模也处于起步阶段,除国防科技大学相关研究外,还没有更深入、全面的作战计划本体模型。

(3) 虚拟环境特点与实战不同,CGF 领域的作战计划与实际的作战行动过程建模具有共同点,但是虚拟环境中作战兵力的计划本体建模基于 BDI Agent 的建模理论,面向作战实体智能推理。图 8 - 1 提出的基于事件刻画的作战计划与 BDI 模型中各组件的关系,其内部运行机制、过程和关系等都需要详细分析,以建立相关模型。

8.3.2　作战计划本体模型

作战计划建模是与作战相关知识的描述并形成行动纲要的过程。基于本体技术的作战计划建模,即利用本体建模思想,通过构建本体来对作战计划相关的概念、关系、属性、实例、公理等进行定义,以提供作战可重用、易执行的行动规范,满足实体智能推理和决策的需要。

定义 8.10：作战计划本体，

$$\text{Plan\_Onto}: = < \text{P\_Concepts}, \text{P\_Relations}, \text{P\_Functions},$$
$$\text{P\_Axioms}, \text{P\_Instances} > \qquad (8-15)$$

式中：P_Concepts 表示作战计划中概念的集合；P_Relations 表示关系集合；P_Functions 表示函数集合；P_Axioms 表示公理集合；P_Instances 表示实例集合。

定义 8.11：概念，

$$\text{P\_Concepts}: = \{\text{Situation}, \text{Beliefs}, \text{Goals}, \text{Tasks}, \text{Actions}, \text{TimeInterval},$$
$$\text{Constraints}, \text{Resources}, \text{Solution}\} \qquad (8-16)$$

其参数描述如下：

（1）Situation，计划执行时的世界初始状态（战场态势）。

（2）Beliefs，信念，执行作战计划的实体（Agent）对世界（战场环境）的信念，是作战实体通过世界初始状态形成对作战环境的认识、对战场态势的理解以及对自身作战能力的认知。

（3）Goals，目标，描述通过执行作战计划，期望世界所达到的状态。态势和环境满足如下公式：

$$\text{Plan}: \text{Situation} \rightarrow \text{Goals} \subseteq \text{Situation} \qquad (8-17)$$

即计划将态势映射为目标，目标是态势的子集。作战目标是执行作战计划后期望达到的一种态势。

（4）任务，

$$\text{Tasks}: = \{tk_1, tk_2, \cdots, tk_n\} \qquad (8-18)$$

为达到即时目标需要完成的任务。任务应具有层次属性，并具有序列。即 tk_i 可以继续分解为低一层的任务集，并且如果 tk_1 需要在 tk_2 前完成，则未完成 tk_1 的情况下，不能 tk_2 被执行。但也存在并行情况，如火力打击同时进行电子干扰，需根据实际情况决定。

（5）Actions，动作，对于每个任务 tk_i，有有限个动作 $\{ac_1, ac_2 \cdots ac_n\}$ 完成该任务；ac_i 是已分解完成的原子动作，如实体移动到指定位置、火炮开火等。

（6）时间区间，

$$\text{TimeInterval}: = \{\text{Start}, \text{End}\} \qquad (8-19)$$

完成计划的起点时间（Start）和终点时间（End）。

（7）Constraints，约束，作战计划不能违反的规定和完成计划的边界条件。约束包含了对公理（P_Axioms）和规则（Rules）的定义。

（8）Resources，资源，完成作战想定需要消耗的物资等。

（9）Solution，结论，计划是否完成，可将结论定义为二元组$\{True,False\}$，度量计划是否实现作战目的（Goals）。

定义 8.12：公理，

$$P\_Axioms = \{Axioms\} \tag{8-20}$$

是 CGF 中的永真断言，是对概念间关系的约束，表示军事、作战领域概念、关系等描述的公理，包括关于作战和武器装备的实例和断言。如：

（1）任务与资源匹配：该公理定义了资源消耗/使用的原则，即何种资源与何种任务匹配，如飞行与燃油消耗匹配，对舰攻击与反舰导弹匹配等，

$$\exists M,S(\text{Match}(M,S)) \tag{8-21}$$

（2）任务与动作：该公理规定了如果存在任务 t_i，该任务具有与之相关的动作序列 $\{a_1,a_2,\cdots,a_n\}$，则 t_i 的前件必须包括第一个动作 a_1，t_i 的后件必须包括最后一个动作 a_n：

$$\exists t_i,\{a_i\}((\text{Execute}(\text{pre}(t_i),a_1) \cap (\text{Execute}(\text{Post}(t_i),a_n)) \tag{8-22}$$

定义 8.13：规则，包括对资源和约束的判定，决定动作序列和任务顺序。规则可以由函数表示：

$$P\_Functions := \{F:C_1 \times \ldots \times C_{n-1} \to C_n \mid C_i \in P\_Concepts \cup P\_Relations\} \tag{8-23}$$

利用函数可以定义作战计划中的各种规则。

时间、约束、规则规定了作战计划能够在指定的时间内被完成或不能被完成，保证其时间有限和可实现，不会进入无解情况。

定义 8.14：关系，

$$P\_Relations := \{R(c_1,c_2) \mid c_1,c_2 \in P\_Concepts\} \tag{8-24}$$

表示关系集合，包括继承、聚合、组合和关联。

（1）继承关系，子类继承父类中包含的属性、关系和方法。

（2）聚合关系，表示一个概念拥有但可能共享另一个概念。如四架飞机组成空中编队。

（3）组合关系，是一种强的聚合关系，是整体与部分的关系。如雷达、火炮、指控系统组成火力系统。

（4）关联关系，表示概念间的相互作用关系，也可定义为概念的属性。定义计划中的关联关系包括机动（Movement）、火力（Firepower）、防护（Defense）、保障（Logistics）和电子战（ElectronicWarfare）等。

定义 8.15：实例，

$$P\_Instances：= \{I \mid I \in P\_Concepts \cup P\_Relations\} \qquad (8-25)$$

是 CGF 概念和关系的实例化表示。例如某一型号的舰空导弹、雷达等。
作战计划本体模型如图 8-4 所示。

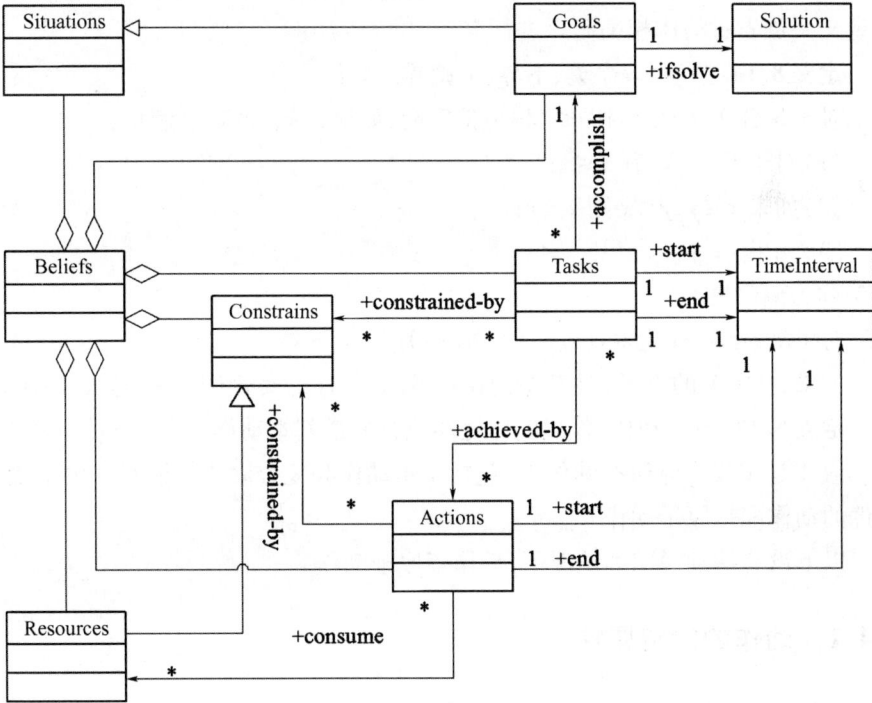

图 8-4　作战计划本体模型

（1）作战实体具有对态势、目标、任务、约束、动作（能力）和资源的信念，信念以知识库的形式表示，并能够通过规则、逻辑等与态势和计划进行匹配，以形成认知。

（2）任务和动作应当由时间区间约束其开始和终点时间。通过规划可以形成计划内部对任务和动作的序列关系，其关系应满足 Allen 的 13 种时间区间关系。

（3）任务和动作具有约束，约束以函数、规则或公理的形式给出。

（4）动作需要消耗资源。

（5）资源是一种约束。

8.4　态势感知和作战计划中的动作关系

SAW 本体模型和作战计划本体模型中,都需要对作战实体的动作进行时间规划。动作关系公理刻画动作的执行顺序,利用 Allen 的 13 种时间区间模型进行定义。首先对动作相关概念进行定义。

定义 8.16:偏序、偏序集、下界、下确界,

对于集合 X 上的关系"$\leqslant$"称为偏序的,如果 $x,y,z \in X$,且满足:

(1)对于 $\forall x \in X$,有 $x \leqslant x$;

(2)如果 $x \leqslant y, y \leqslant x$ 则 $x = y$;

(3)如果 $x \leqslant y, y \leqslant z$,则 $x \leqslant z$。

集 X 称为偏序集。

对于 $\forall x \in X$,有 $x_0 \leqslant x(x_0 \in X)$,则 x_0 称为 X 下界。

如果 x_0 是 X 的下界,对于 X 的任意下界 w,有 $x_0 \leqslant w$,则称 x_0 是 X 下确界。

定义 8.17:原子动作,作战实体能够执行的最基本动作。

设 A 是作战实体所有动作集(包括基本动作和复合动作),满足 A 的下确界条件的动作即是原子动作。

以下没有特别说明的情况下,动作指原子动作。

8.4.1　动作的时空属性

动作的空间属性与产生动作的作战实体紧密关联。根据 4.3 节定义的时空属性模型,动作从时间属性划分为瞬时动作和持续动作。

定义 8.18:瞬时动作,

以时间点描述的动作称为瞬时动作,即瞬时动作只能以一个有效的时间点描述,除此点之外的任意时间中不存在此动作,

$$\exists t \in \{Instants\}, \exists Ac \in \{Actions\}, TakeplaceAt(Ac, t) \quad (8-26)$$

定义 8.19:持续动作,

以时间区间描述的动作称为持续动作。持续动作总有其起始和终止时刻,

$$\exists T \in \{Intervals\}, \exists Ac \in \{Actions\}, TakeplaceDuring(Ac, T)$$

$$(8-27)$$

其中,$TakeplaceDuring(Ac, T)$ 定义为

$$\exists T: = [t_1, t_2] \in \{\text{Intervals}\},$$

$$\text{TakeplaceDuring}(\text{Ac}, T) \leftrightarrow \text{StartAt}(\text{Ac}, t_1) \cap \text{EndAt}(\text{Ac}, t_2) \quad (8-28)$$

瞬时动作可以认为是开始和结束时间相同的持续动作。持续动作例如飞行。

上述时间区间 $\exists T: = [t_1, t_2] \in \{\text{Intervals}\}$，可以由直达关系 $\text{Through}(t_1, t_2)$ 描述。动作发生的空间属性主要指动作发生的空间位置、路线和区域。根据 4.3 节对动作的时空属性扩展则得到事件定义。

8.4.2 动作之间的关系

讨论动作之间的关系之前，定义时间关系之间的关系。

定义 8.20：逆对称，

设集合 X, Y 上的积集 $X \times Y$，关系 $R \subset X \times Y$ 表示为 $R(x, y)$。定义 R 的逆 Q，满足 $Q \subset Y \times X$，且有 $R(x, y)$ 与 $Q(y, x)$ 相同的解释，则称 R 与 Q 是互为逆对称的。逆对称的特点是可以用一个定义描述两个关系。

瞬时动作包括顺序和同时两种情况，可以由式（8-9）的时间序列描述。

瞬时动作与持续动作的时间关系满足式（8-10）~式（8-14）。其中式（8-10）和式（8-12）互为逆对称。

持续动作之间的关系包括因果、顺序和并行 3 种关系。

（1）因果关系。即如果动作 Ac_2 的实现必须以 Ac_1 的实现为其前提条件，则存在因果关系：

$$\exists \text{Ac}_1, \text{Ac}_2 \in \{\text{Actions}\},$$

$$\text{Cause}(\text{Ac}_1, \text{Ac}_2) \rightarrow \text{Pre\_con}(\text{Ac}_1, \text{Ac}_2) \cap \text{Post\_con}(\text{Ac}_2, \text{Ac}_1)$$

$$(8-29)$$

即 Ac_1 和 Ac_2 互为前件（Pre_con）和后件关系（Post_con）。

（2）顺序关系。顺序情况下后一个动作必须在前一个执行完成之后方可进行，满足 $\{<, m, mi, >\}$ 4 种时间关系。其中（$<, >$），（m, mi）是两个逆对称。在时间限制不十分严格的情况下，前两者可以合并为一种关系，后两者亦然，分别 Bf 和 Af 定义。顺序动作 Ac_2 在 Ac_1 后执行有：

$$\exists \text{Ac}_1, \text{Ac}_2 (\text{Follows}(\text{Ac}_2, \text{Ac}_1)) \leftrightarrow \text{Bf}(\text{Ac}_1, \text{Ac}_2) \cap \text{Af}(\text{Ac}_2, \text{Ac}_1)$$

$$(8-30)$$

式中：函数 $\text{Follows}(\text{Ac}_2, \text{Ac}_1)$ 表示 Ac_2 在 Ac_1 后执行；$\text{Bf}(\text{Ac}_1, \text{Ac}_2)$ 表示 Ac_1 在

Ac_2 前进行;$Af(Ac_2, Ac_1)$ 表示 Ac_2 在 Ac_1 的后进行,不考虑端点交互情况。

(3)并行关系。并行情况描述动作 Ac_2 在 Ac_1 执行的同时也执行。并行情况利用 $\{o, fi, di, s, =, si, d, f, oi\}$ 时间关系描述,则 (o, oi)、(fi, f)、(di, d)、(s, si) 为逆对称,"$=$"与其自身逆对称。如,作战实体移动同时进行通信,一般情况下,通信过程在移动过程中完成,利用关系 d(during)描述:

$$\exists \text{Move}, \text{Comm} \in \{\text{Actions}\}, \exists T_1, T_2 \in \{\text{Intervals}\},$$
$$\text{TakeplaceDuring}(\text{Move}, T_1), \text{TakeplaceDuring}(\text{Comm}, T_2),$$
$$\text{during}(T_2, T_1) \rightarrow \text{during}(\text{Comm}, \text{Move}) \leftrightarrow \text{Contain}(\text{Move}, \text{Comm})$$

$$(8-31)$$

8.5 小 结

本章重点结合 BDI Agent 模型,建立了作战实体的态势感知本体和作战计划本体。BDI 中的信念、愿望和意图的思维状态的实现问题是 BDI Agent 研究和应用中存在的主要问题。态势感知为信念提供新的世界状态,作战计划则是意图和愿望实现的基本形式之一。利用本体刻画作战实体的思维状态,可以建立实体描述世界所需的概念、关系、公理等内容。事件(动作)的时序和因果关系是 CGF 中智能实体推理的最基本问题之一。本章提出的态势感知本体、作战计划本体及二者中所定义的动作之间的关系,可以为实体认知世界,产生对目标的计划并付诸实施提供新的途径。

第**9**章

海空作战仿真中的 CGF 本体建模

本章以飞机飞行模拟训练系统中的海战场环境仿真为背景,以飞机编队突击水面舰艇编队为例,建立海空作战仿真中本体模型,包括水面舰艇编队、飞机编队等在内的角色、态势和作战计划本体,并利用 Protégé 本体建模工具实现。

海空作战仿真中的本体建模与实现基于第 5 章提出的战场环境本体模型和第 4 章建立的事件本体模型,以此为基础论述建立于作战相关的环境、角色、态势和计划本体。

9.1 作 战 想 定

在充分满足建模的基础上,对部分内容进行了简化处理。其中,Attack 表示突击飞机空中突击编队突击方向,Return 表示返航方向。J1 是 S 编队无源干扰区域,Am2 是近防炮防御区域,Am3 是防空导弹防御区域,R4 是警戒雷达搜索范围。

(1)水面舰艇编队 S:

① 编成:4 艘驱逐舰(D1 ~ D4,D4 为指挥舰)、配备雷达(Rs)、火控系统(Fs)、防空导弹(As)、近防炮(Gs)、告警设备(Ws),通信设备(Cs)、有源(Ajs)和无源干扰(Pjs)设备等武器装备。

② 位置:t_0 时刻位于海域 Ps,中心位置(N1,E1,0)。

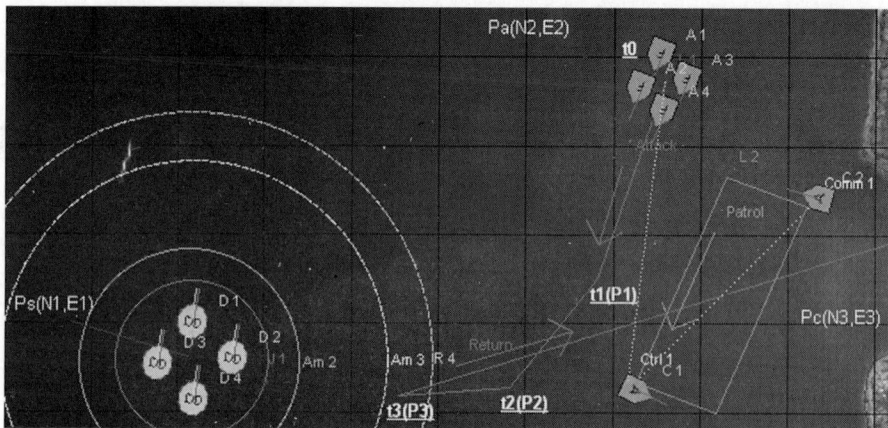

图 9 - 1　想定示意图①

③ 计划:以航速 Vs 向 Ds 方向机动,雷达、告警开机对空警戒,如发现空中威胁目标则进行拦截。

④ 目标:防御对舰攻击导弹。

(2)飞机编队 K:

① 编成:突击编队,攻击飞机 3 架(A1 ~ A3),装备雷达(Ra)、火控系统(Fa)、反舰导弹(Ma)、通信设备(Ca);随队干扰飞机 1 架(A4),挂干扰吊舱(Ja)等武器装备。

指挥编队,指挥巡逻机(C1、C2),装备通信设备。

② 位置:突击飞机编队 t_0 时刻位于海域 Pa,中心位置(N2,E2,H2);指挥编队位于海域 Pc,初始经纬度(N3,E3,H3)。

③ 计划:突击编队,无线电静默,按 L1 航线超低空突击 S 编队。t_1 时刻到达位置 P1,转航向;t_2 时刻到达位置 P2 通信,从指挥机获得目标指示,转攻击航向;A4 干扰开机,对 S 编队实施有源干扰;t_3 时刻到达发射位置 P3,雷达开机搜索、锁定目标,导弹齐射;发射完成后,返航。

指挥编队,双机按 L2 航线巡航,共同完成全时段、全区域目标监视和指示,C1 负责战场通信联络与指挥,C2 辅助 C1 提供目标指示。

④ 目标:突击编队重创 S 编队。

9.2　关键词的提取

本例中本体的关键词包括概念和关系,是想定中的基本术语。根据商空间

① 图中想定用 VT MÄK 公司的 VR - Forces 进行编辑,军队标号采用美军标。

对论域的粒度化,抽象出作战实体层的本体概念和关系,即只考虑飞机、舰船、导弹等实体级的武器装备。没有特别说明的情况下,不讨论实体所载武器装备内部运行情况。关键词主要包括以下几类:

(1) 实体名词,描述作战实体名称及相关概念的词,如实体、编队、水面舰艇等。

(2) 属性,概念的属性,如作战实体的红蓝属性。

(3) 原子动作,作战实体的最基本动作,在作战实体层次中不能分解的动作,如飞行、航行、发射等。

(4) 复合动作,由作战实体的原子动作复合而成,描述一个具有意义的动作。如通信,可由发射和接收复合而成。

(5) 由动作形成的关联关系,动作构成了实体之间的各种关联关系,是描述本体中关系的核心。

(6) 时态关系,动作或事件的时间顺序。

(7) 空间关系,实体间或实体属性间的空间关系。

根据上述分析,形成本体类定义。作战实体描述参考 SISO 中采用的实体分类为标准,作战实体分为编队、空中、海上、电磁、装备等类;时间和空间关系由 4.3 节模型描述。

9.3 自然环境对象和物理对象本体

9.3.1 环境对象

1. 自然环境对象

海上作战中的环境模型首先要描述的是作战地域的海、空自然环境,包括天气、气象、水文等环境。为简化模型,此处以四元组表示环境对象及属性:

$$EnvironmentObjects: = < Type, ID, Position, Attributes > \qquad (9-1)$$

式中:Type 是环境对象的类型,如天气、气象、洋流等;ID 是环境对象的唯一标识符;Position 是自然环境对象的空间位置;Attributes 是自然环境的属性。属性是数据层在本体中的体现。

2. 物理对象

物理对象包括两大类:

(1) 作战兵力和武器装备。编队级包括突击飞机编队、指挥飞机编队、水面舰艇编队。作战级包括水面舰艇、作战飞机、电子支援飞机、指挥飞机、通信飞机。保障、支援级包括各种导弹、火炮、雷达、通信、电子战设备等。

（2）空间几何对象，包括位置、路线、区域等。

9.3.2　对象间的关系

自然环境对象、物理对象及其内部和相互间的关系，首先体现在空间拓扑关系上，其次是继承、组合（聚合）和关联。

（1）继承，描述类之间的层次关系。

（2）组合（聚合），对象间通过组合（聚合）关系形成一个新的对象。图9-2所示为基于组件形式的作战实体组成框图，用于描述对象内部的组合关系。

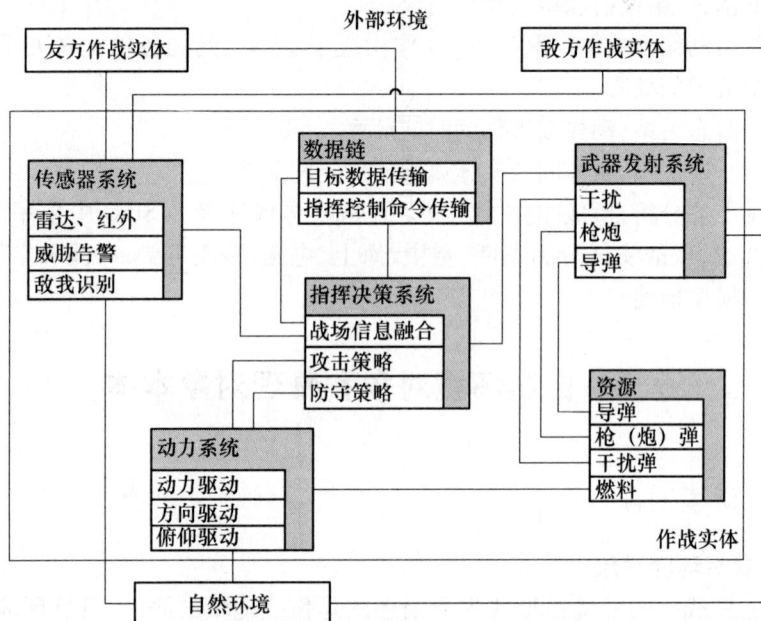

图9-2　基于组件的作战实体组成框图

（3）关联，定义对象间基于功能、任务或目标关联的关系。作战实体间的关联关系包括侦察、通信、装备、消耗、攻击、干扰、目指等。作战实体与几何对象间的关系包括：

① 域，作战实体属于空中、海上或电磁；

② 绝对位置，作战实体的空间位置；

③ 相对位置，作战实体之间的位置确定；

④ 轨迹，作战实体在环境中的运行轨迹。

自然环境和物理对象模型如图9-3所示。

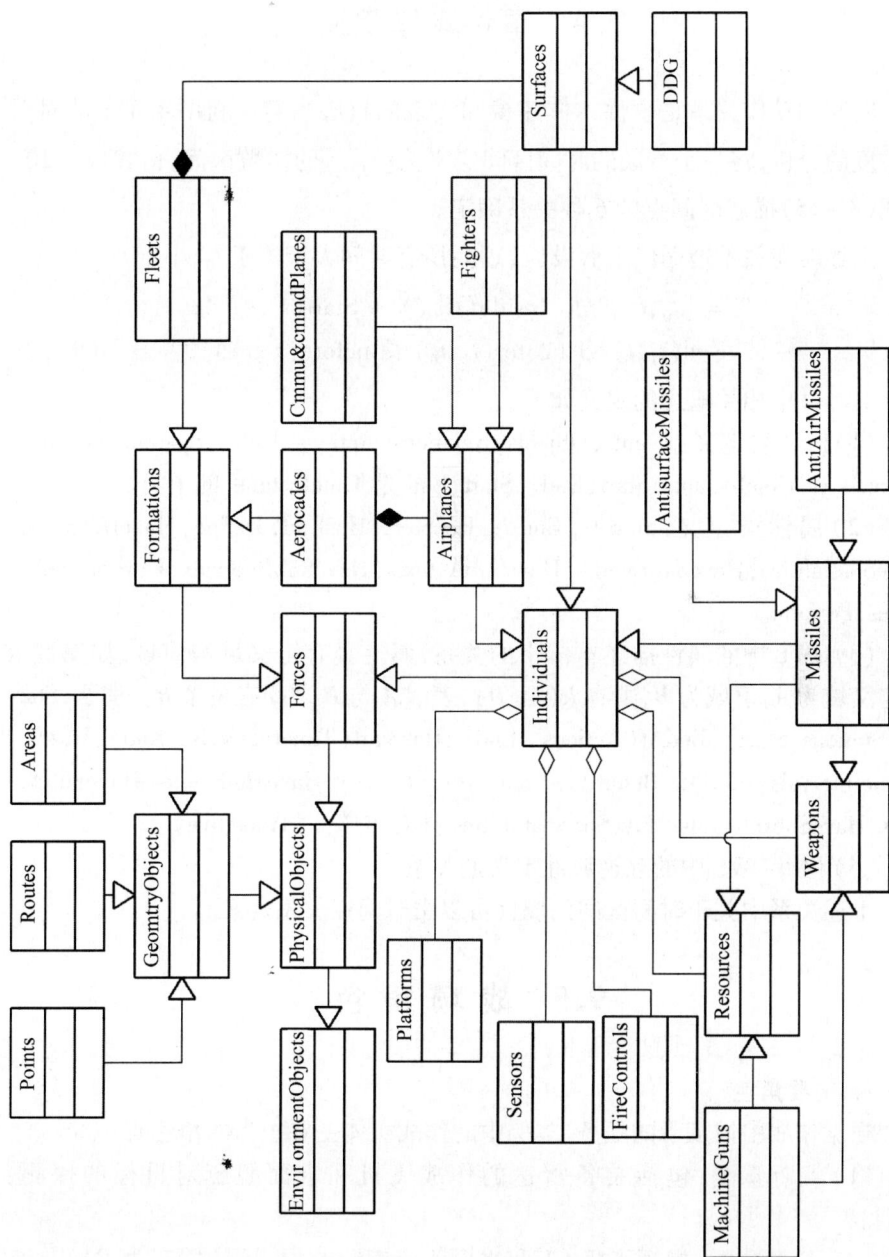

图9-3 自然环境和物理对象模型

9.4 事件本体定义

时间和动作关系是事件本体建模和实现的核心内容。利用 4.3.3 节对时间粒度的分析,将整个行动的时间区间定义为 $[t_0,t]$ 的实数区间,由式(8-10)~式(8-15)描述时间点的 6 种关系确定。

上述时间关系遵循以下假设(公理):所有时间大于等于 t_0,小于 t:

$$T = [t_0,t], \forall t_1, \text{Inside}(t_1,T) \rightarrow \text{Start}(t_1,t_0) \cup$$
$$\text{End}(t_1,t) \cup (\text{After}(t_1,t_0) \cap \text{before}(t_1,t)) \quad (9-2)$$

对事件中相关概念的定义如下:

(1)概念类定义:Events,Objects,Relations,Actions,Rules,Spatialities,TimeIntervals 和 TimeInstants,Start,End。Start、End 是 TimeInstants 的子类。

(2)属性类定义:StartAt,EndAt,HasStart,HasEnd,Define,HaveRelations,HaveSpatialities,HaveSubEvents,HaveSubActions,HaveSubIntervals,HaveSubSpatialities,Perform。

(3)OWL 中的属性描述本体中的关系,属性具有定义域与值域,如属性 R 的定义域为 A,值域为 B,则有 $R(A, B)$,表示 A 与 B 之间有关系 R。那么,StartAt(Actions,Start),EndAt(Actions, End),HasStart(TimeIntervals, End),HasEnd(TimeIntervals, End)。Before(t_1, t_2),After(t_2, t_1),HaveSubEvents,HaveSubActions,HaveSubIntervals,HaveSubSpatialities 具有传递性(Transitive)。

(4)利用 OWL 中的互逆属性定义逆关系。

上述关系中关于时间区间的属性可以由时间点关系定义。

9.5 战 场 角 色

1. 主要角色

根据作战中被赋予的任务,本例中的作战实体主要担当的角色有:

(1)目标探测,包括装备雷达的作战飞机和水面舰艇对目标的探测、识别。

(2)任务分配,指挥飞机 C1 和水面舰艇编队的指挥舰(假定为 D1)具有指挥能力,负责对编队的作战指挥,对编队中的各作战实体进行任务分配和指派。

（3）目标指示，指挥机为突击飞机编队提供目标指示。

（4）导弹攻击，突击飞机编队接收目标，并对水面舰艇进行导弹攻击。

（5）对空防御，水面舰艇编队利用软、硬防御手段，对空防御来袭导弹。

（6）电子侦察，干扰飞机对水面舰艇雷达设备进行侦察。

（7）有源干扰，干扰飞机对水面舰艇实施有源干扰。

2. 角色动作定义

动作代表了角色的行为能力，通过任务的指派、执行计划和动作实施，形成角色对其地位、责任的认可和实现。

飞机角色及动作集：

（1）突击：飞行、接收目标数据、发射导弹；

（2）电子干扰：飞行、接收命令、电子侦察、干扰；

（3）通信：飞行、目标探测、目标传输；

（4）指挥：飞行、接收目标信息、目标探测、信息融合、目标指示。

水面舰艇角色及动作集：

（1）指挥：航行、探测、目标分配、发送目标信息；

（2）侦察：航行、雷达探测；

（3）防御：航行、发射防空导弹、近程防御火炮开火、有源干扰、无源干扰。

3. 角色实现

根据角色定义，通过规则和关系定义角色概念。

如目标探测，首先定义执行探测的实体 A、探测的目标 G、目标探测的原子动作 Detect，利用属性描述 Detect(A,G)，表示 Detection 角色：

$$\exists A, G \in \{Agents\}, \exists Detect \in \{Actions\}, Detect$$
$$(A, G) \rightarrow HasAbilityof(A, Detection) \qquad (9-3)$$

对于突击一类的角色则由复合动作描述，其定义与上式类似。

角色和组织的关系，从组织的角度进行任务分配时，应当首先了解下属的能力，然后才有任务分派，即任务与能力、动作应形成匹配。

由于 OWL 的属性的值域不支持属性，为简化处理，将所有原子属性（原子动作）定义为枚举类型，可以直接引用，方便实现。

9.6 水面舰艇 SAW 本体

本节和9.1节以水面舰艇 D1 和突击飞机 A1 为例，A1 对 D1 实施防空外打击。利用事件描述水面舰艇单舰和突击飞机的单机态势感知本体和作战计划本体。以此为基础扩展为编队中角色间的对抗，利用角色本体描述其过程。

9.6.1 水面舰艇 SAW 形式化描述

对水面舰艇而言，由于其主要目标是突击飞机和反舰导弹，所以关注的重点是突击飞机和机载武器的状态转换，包括突击飞机雷达开机搜索、锁定目标、发射反舰导弹、反舰导弹末制导雷达开机搜索、锁定目标等。水面舰艇 SAW 中的时间粒度及关系由图9-4描述。假设所有实体的动作都从某一时间点开始计时，设为 t_s，图中实横线表示时间区间，点划线表示时间点，虚横线表示可能发生事件的时间。

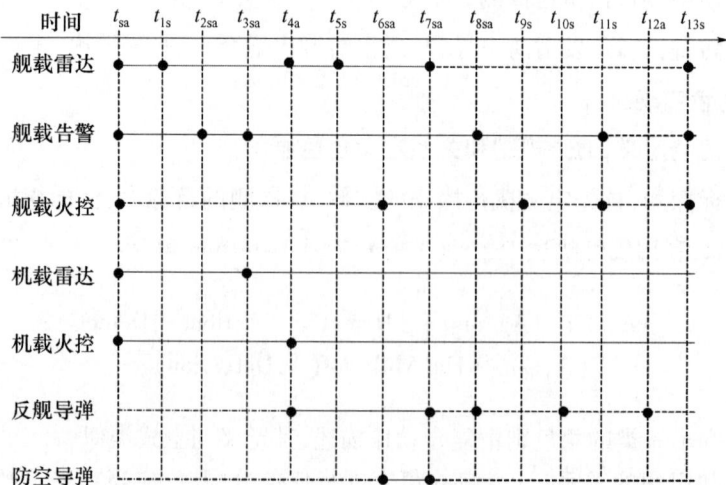

图9-4 水面舰艇 SAW 中的时间关系

D1 对 A1 的感知过程利用表9-1描述。

表9-1　D1 与 A1 事件定义

序号	时间	A₁ 及武器动作	D₁ 动作	描述
0	t_s	向 D1 移动	雷达开机搜索	$t_{sa} \in \{ \text{Instants} \}$, Search (Rs , A1)
1	t_{1s}	进入 D1 对空雷达范围	雷达发现 A1	$t_{1s} \in \{ \text{Instants} \}$, InArea (A1 , R4) → Find (Rs , A1)
2	t_{2sa}	A1 雷达开机搜索	雷达告警发现 A1 雷达搜索	$t_{2sa} \in \{ \text{Instants} \}$, Poweron (A1 , Ra) → WarningSearch (Ws , Ra)
3	t_{3sa}	A1 发现 D1，雷达转跟踪	雷达告警发现 A1 雷达跟踪	$t_{3sa} \in \{ \text{Instants} \}$, Track (Ra , D1) → WarningTrack (Ws , Ra)
4	t_{4sa}	A1 发射反舰导弹	雷达发现反舰导弹	$t_{4sa} \in \{ \text{Instants} \}$, Lauch (Fa , Ma) ∩ Flyto (Ma , D1) → Find (Rs , Ma)
5	t_{5s}		雷达跟踪反舰导弹	$t_{5s} \in \{ \text{Instants} \}$, Track (Rs , Ma)
6	t_{6s}		发射防空导弹	$t_{6s} \in \{ \text{Instants} \}$, Launch (Fs , As) ∩ Flayto (As , Ma)
7	t_{7sa}	反舰导弹被防空导弹拦截		$t_{7sa} \in \{ \text{Instants} \}$, Destroy (As , Ma)
8	t_{8sa}	反舰导弹末制导雷达开机	雷达告警发现反舰导弹末制导开机	$t_{8sa} \in \{ \text{Instants} \}$, Poweron (Ma , Rm) → WarningSearch (Ws , Rm)
9	t_{9s}		火控系统发射干扰	$t_{9s} \in \{ \text{Instants} \}$, ActJam (Fs , Ajs) ∪ (∩) PassJam (Fs , Pjs)
10	t_{10a}	反舰导弹被干扰		$t_{10a} \in \{ \text{Instants} \}$, Jam (Ajs , Ma) ∪ (∩) Jam (Pjs , Ma)
11	t_{11s}		舰载近程武器开火	$t_{11s} \in \{ \text{Instants} \}$, Fire (Fs , Gs)
12	t_{12a}	反舰导弹被拦截		$t_{12a} \in \{ \text{Instants} \}$, Intercept (Gs , Ma)
13	t_{13sa}	反舰导弹命中	水面舰艇被击毁	$t_{13sa} \in \{ \text{Instants} \}$, Hit (Ma , D1) → Destroyed (D1)

9.6.2 基于规则和函数的关系定义

态势感知的最主要目的,是通过丰富的关系定义使得作战实体能形成对战场各种对象之间的清晰、明确的概念和关系的认知。利用函数并通过原子动作产生的关系来定义复杂动作的关系。本例中的关系包括以下几项:

(1)侦察,飞机雷达循环扫描水面舰艇,且飞机位置较水面舰艇较远(或位于某范围以外),则认为飞机侦察水面舰艇:

$$\exists A \in \{Airplanes\}, \exists D \in \{DDGs\},$$

$$\exists As \in \{Areas\}, \exists Ra \in \{Radars\},$$

$$\exists t \in S(t),$$

$$Equipt(A,Ra) \cap Scan(Ra,D) \cap Period(Scan,t) \cap Outof(A,As)$$

$$\rightarrow Recon(A,D) \qquad\qquad (9-4)$$

(2)作战飞机攻击,如果作战飞机进入某指定范围内,且飞向水面舰艇,且雷达开机搜索或已锁定水面舰艇,则认为作战飞机攻击水面舰艇:

$$\exists A \in \{Airplanes\}, \exists D \in \{DDGs\},$$

$$\exists As \in \{Areas\}, \exists Ra \in \{Radars\},$$

$$(Scan(Ra,D) \cup Track(Ra,D)) \cap Inside(A,As) \cap Flyto(A,D)$$

$$\rightarrow AttackA(A,D) \qquad\qquad (9-5)$$

(3)导弹攻击,如果导弹飞向水面舰艇,且进入某一区域,则认为导弹攻击水面舰艇:

$$\exists M \in \{Missiles\}, \exists As \in \{Areas\}, \exists D \in \{DDGs\}$$

$$Inside(M,As) \cap Flyto(M,D) \rightarrow AttackM(M,D) \qquad (9-6)$$

(4)水面舰艇被攻击,是导弹或飞机攻击水面舰艇的互为逆对称关系:

$$\exists M \in \{Missiles\}, \exists A \in \{Airplanes\}, \exists D \in \{DDGs\}$$

$$AttackM(M,D) \leftrightarrow Underfire(D,M),$$

$$AttackA(A,D) \leftrightarrow Underfire(D,A) \qquad\qquad (9-7)$$

9.6.3 水面舰艇 SAW 本体模型

图 9-5 中给出了水面舰艇 SAW 物理对象的静态关系模型。该模型描述了单个实体(Individual)的继承和派生关系、实体间的组成关系以及单个实体与环境的关系。图 9-6 是物理对象关系。从时空属性和函数的角度刻画关系,关系满足规则的定义。规则是影响 SAW 本体建模的重要因素,可以从规则中直接获得关系的定义。

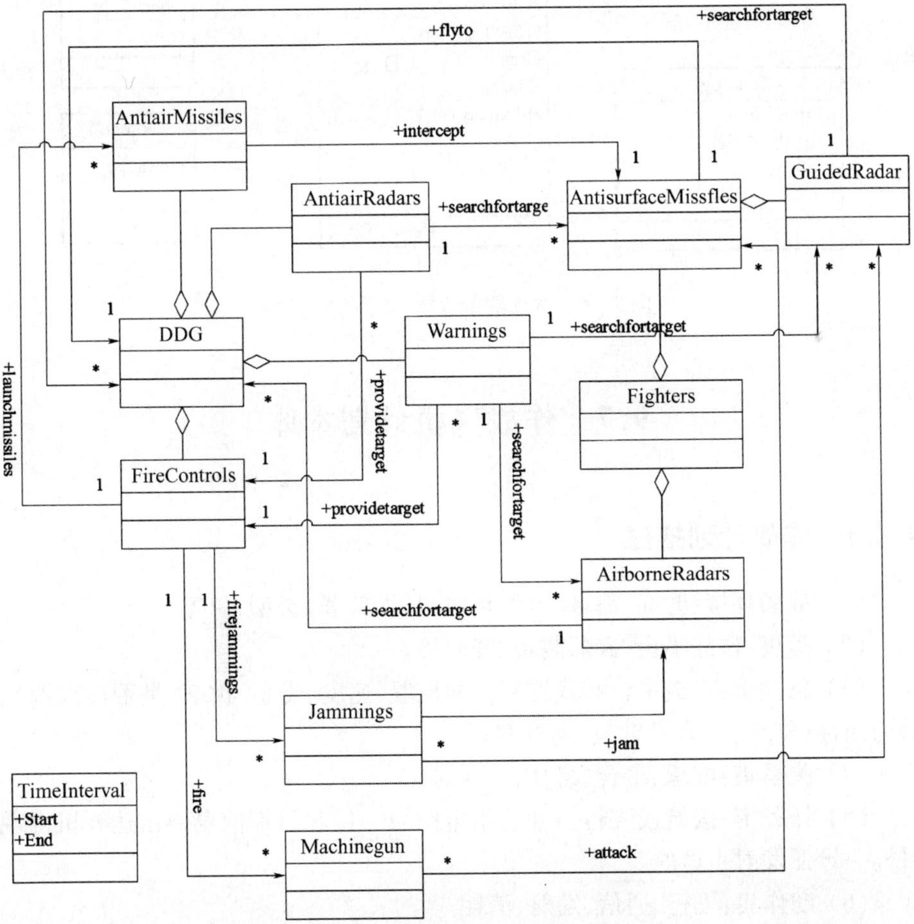

图 9-5 水面舰艇 SAW 本体模型

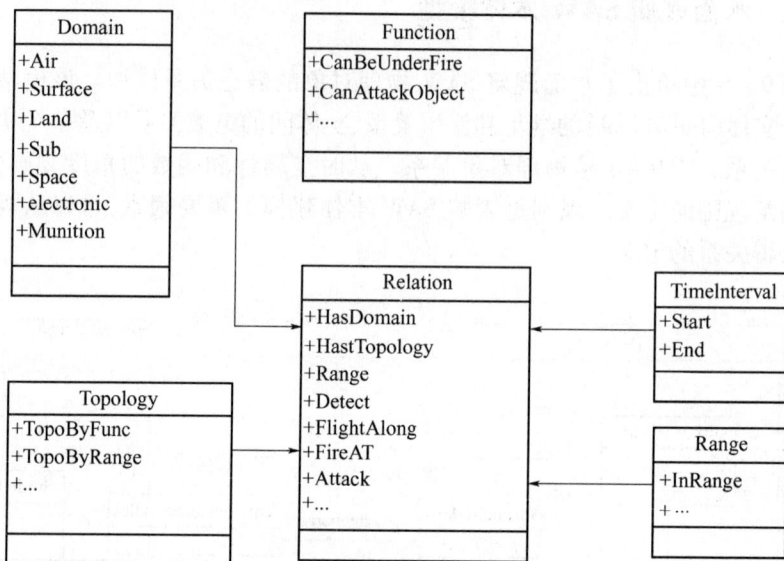

图9-6 水面舰艇SAW本体中的关系

9.7 作战飞机计划本体

9.7.1 作战计划描述

（1）战场环境：时间、海域、自然环境，兵力部署（类型、位置）。

（2）类集：作战平台、武器装备、资源等。

（3）属性集：作战平台和武器装备的位置、速度、姿态、状态（是否被摧毁）、兵力属性（红/蓝）；资源数量、消耗率等。

（4）关系集：继承、聚合、组合、关联。

（5）任务集：按航线飞行→到达指定空域→接收目标信息→雷达开机发现目标→导弹发射→返航。

（6）动作集：飞行、通信、发射、消耗。

（7）资源集：燃油数量、导弹数量。

（8）规则集：

① 如果未到达联络位置且未到达攻击位置，则继续飞行：

$$\exists P1 \in \{Positons\}, L1 \in \{Routes\}, P1 \in \{Waypoints\},$$

$$(\neg \, ReachPosition(A1,P1) \rightarrow FlightAlong(A1,L1) \cap FlightTo(A1,P1)$$

$$(9-8)$$

② 如果到达联络位置 P1 或 P2,则进行通信联络:

$$\exists C1 \in \{Aircrafts\}, \exists P1,P2 \in \{Waypoints\}, \exists L1 \in \{Rountes\}$$

$$(ReachPosition(A1,P1) \cup ReachPosition(A1,P2))$$

$$\rightarrow FlightAlong(A1,L1) \cap Comm(A1,C1) \qquad (9-9)$$

③ 如果到达联络位置 P3,且目标在攻击范围内,则发射反舰导弹;

$$\exists D1 \in \{DDGs\}, \exists P3 \in \{Waypoints\}, \exists Ma \in \{Missiles\}$$

$$(ReachPosition(A1,P3) \cap TargetInrange(A1,D1)) \rightarrow Fire(A1,Ma)$$

$$(9-10)$$

④ 如果反舰导弹发射,则返航:

$$\exists Ma \in \{Missiles\}, D1 \in \{DDGs\}, \exists P0 \in \{Waypoints\}$$

$$FlightTo(Ma,D1) \rightarrow Return(A,P0) \qquad (9-11)$$

9.7.2 突击飞机作战计划本体模型

这里用 Protégé 实现突击飞机的计划本体模型。Protégé 是一个由斯坦福大学开发的基于 JAVA 语言的开源本体编辑工具,是一款常用的本体建模与实现工具,为本体的实现提供了灵活易用的可视化平台。Protégé 支持复杂的知识表示和简单的逻辑推理,更接近人类的知识表达。Protégé 提供了本体的概念类、关系、属性和实例的构建,并屏蔽了本体描述语言,用户只需在概念层次上进行领域本体的模型的构建。Protégé 支持所有 OWL 建模原语,并提供语法检查、一致性检测、推理机调用等,调用易于操作和使用,并且灵活支持多种文本表示格式,包括 XML、RDF(S)、OIL、DAML、DAML + OIL 和 OWL 等系列语言。

根据上述描述,建立对舰突击飞机作战计划本体模型,如图 9-7 所示。图 9-8 是利用 Protégé 本体建模工具建立水面舰艇 SAW 本体。图 9-9 为基于 OWL 的作战计划本体代码片段,该片段说明发射导弹的前提是飞机已到达指定位置且已获得目标信息。

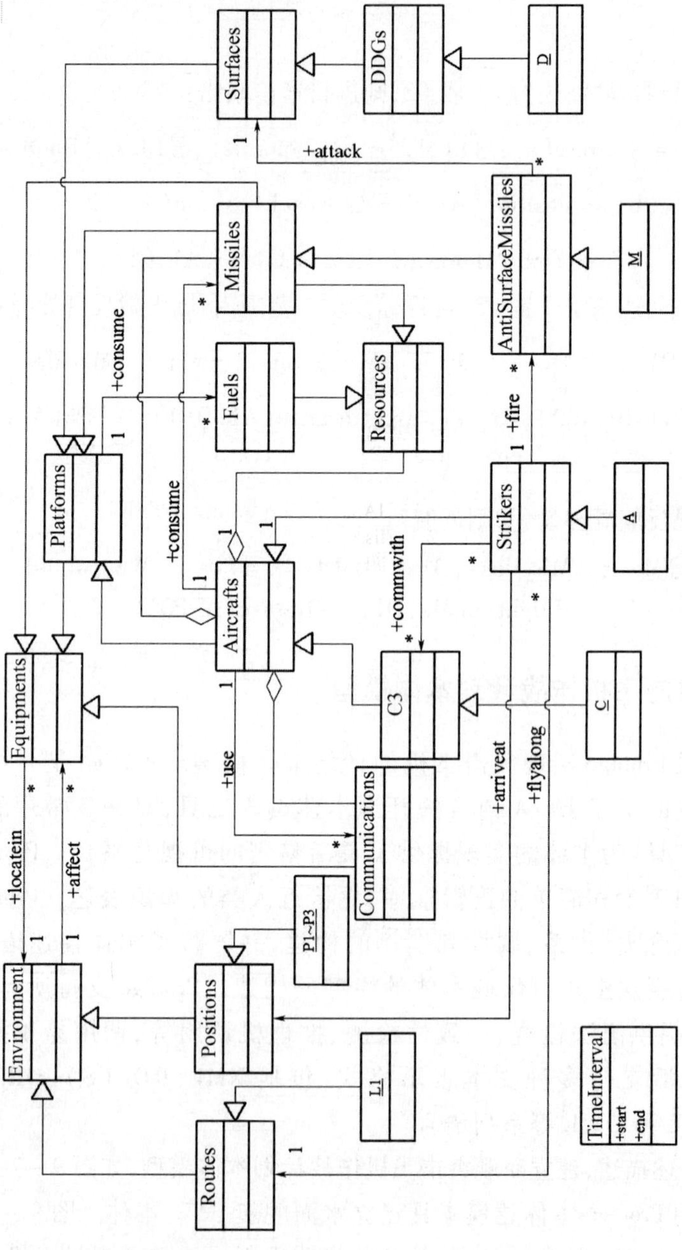

图9-7 对舰攻击飞机计划本体模型

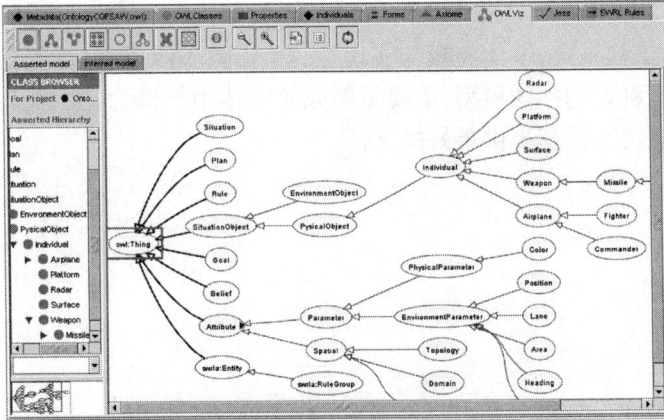

图9-8　水面舰艇 SAW 本体的 Protégé 类图

```
<owl:ObjectProperty rdf:about="#HASPRECOND_FIREMISSILE">
<rdfs:domain rdf:resource="#FireMissile"/>
<rdfs:subPropertyOf rdf:resource="#HASPRECONDITION"/>
<rdfs:range>
<owl:Restriction>
<owl:onProperty rdf:resource="#ARRIVEATPOSITIONEND"/>
<owl:qualifiedCardinality rdf:datatype=
                "&xsd;nonNegativeInteger">1</owl:qualifiedCardinality>
<owl:onDataRange rdf:resource="&xsd;time"/>
</owl:Restriction>
</rdfs:range>
<rdfs:range>
<owl:Restriction>
<owl:onProperty rdf:resource="#RECEIVETARGETINFOEND"/>
<owl:qualifiedCardinality rdf:datatype=
                "&xsd;nonNegativeInteger">1</owl:qualifiedCardinality>
<owl:onDataRange rdf:resource="&xsd;time"/>
</owl:Restriction>
</rdfs:range>
</owl:ObjectProperty>
```

图9-9　基于 OWL 的作战计划本体代码片段

9.8　小　结

　　本章以作战飞机打击水面舰艇编队的作战仿真为想定,分析了战场环境中的物理对象间的关系,建立了水面舰艇 SAW 模型和作战飞机的计划模型,利用

OWL 语言和描述逻辑对上述本体进行了设计,并利用 Protégé 本体建模工具进行了实现。

与软件工程一样,本体建模与实现是一个需要不断完善、反复求精的过程。为获得准确、可靠的本体模型,需要不断完善本体中的概念、关系、公理、规则等要素,为作战实体推理提供更好的支持。

参 考 文 献

[1] Boury – Brisset C. Ontological Approach to Military Knowledge Modeling and Management [C]. Defence R&D, Canada, March 2004, 17:1 – 13.

[2] Boury – Brisset A C, Champagne C. Ontological models for military courses of action[R]. Defence Research and Development, Canada, 2006.

[3] Alan N Steinberg, Christopher L Bowman, et al. Revisions to the JDL Data Fusion Model[C]. In Proceedings of SPIE Conf. Sensor Fusion: Architectures, Algorithms and Applications III, 1999, 3719: 430 – 441.

[4] Allen J F. Maintaining knowledge about temporal intervals [J]. Communications of the ACM, 1983, 26 (11): 832 – 843.

[5] álvaro F Moreira, Renata Vieira, Rafael H Bordini, et al. Agent – Oriented Programming with Underlying Ontological Reasoning[C]. 3rd International Worksho Pon Declarative Agent Languages and Technologies, Netherlands, 2005, Netherlands, 2006, 3904: 155 – 170.

[6] Liao Bei – shui, Huang Hua – xin, Gao Ji. An Extended BDI Agent with Policies and Contracts[C]. Lecture Notes in Computer Science, 9th Pacific Rim International Worksho Pon Multi – Agents, Hangzhou China, 2006, 4088: 94 – 104.

[7] Schwind C. A tableaux – based theorem prover for a decidable subset of default logic[C]. In Proc of the 10th Int' l Conf on Automated, 1990, 449: 528 – 542.

[8] Christopher Chadbourne, Douglas Clark, Building. Using, Sharing and Reusing Environment Concept Models. [DB/OL]. http://www. dtic. mil/cgi – bin/GetTRDoc? AD = ADA – 444524& Location = U2&doc = GetTRDoc. pdf.

[9] Christopher J Matheus, David Tribble, Mieczyslaw M Kokar, et al. Towards a Formal Pedigree Ontology for Level – One Sensor Fusion[C]. 10th International Command & Control Research and Technology Symposium, 2006.

[10] Christopher J Matheus, Mieczyslaw M Kokar, Kenneth Baclawski. A Core Ontology for Situation Awareness [C]. Proceedings of the Sixth International Conference on Information Fusion, 2003: 545 – 552.

[11] Craig Schlenoff, Randy Washington, Tony Barbera. An Intelligent Ground Vehicle Ontology for Multi – Agent System Integration[C]. KIMAS 2005, April 18 – 21, 2005, Waltham, MA, USA. : 169 – 174.

[12] DAML Ontology Marku PLanguage Homepage. [DB/OL]. http://www. daml. org/, 2006.

[13] David A Randell, Zhan Cui, Anthony G Cohn. A Spatial Logic based on Regions and Connection[C]. 3rd Int. Conf. on Knowledge Representation and Reasoning, Cambridge, 1992, Canada: Morgan Kaufman, 1995.

[14] Dean Allemang, Jame Hendler. Semantic Web for the Working Ontologist, Modeling in REF, REFS and OWL, Morgan Kaufmann Publisher, 2007, 14(2).

[15] Dieter Fensel, Ian Horrock, Deborah McGuinness, et al. Patel – Schneider. OIL: Ontology Infrastructure to

Enable the Semantic Web[C]. IEEE Intelligent System,2001,6(2).

[16] Dmitry Tsarkov,Ian Horrock. FaCT + + Description Logic Reasoner: System Description[C]. In: Proc. of the Int. Joint Conf. on Automated Reasoning,2006,4130:292 - 297.

[17] DMSO. Modeling and Simulation (M&S) Master Plan. [DB \ OL]. http://dodreports. com/pdf/ada301787. pdf,1995.

[18] Dnyanesh Rajpathak,Enrico Motta. An Ontological Formalization of the Planning Task [J]. Formal Ontology in Information Systems,A. C. Varzi,L. Vieu(eds),IOS Press,2004: 305 - 316.

[19] Douglas Holmes,Richard Stocking. Semantic Interoperability Integrating and Augmenting Legacy Applications with OWL Ontologies[C]. Aerospace Conference,2008 IEEE: 1 - 16.

[20] Douglase B. Lenat. CYC: A Large - Scale Investment in Knowledge Infrastrure [J]. Communication of ACM,1995,38,(11):33 - 38.

[21] E Motta. An overview of the OCML modeling language[C]. The 8th Worksho Pon Knowledge Engineering: Methods & Languages (KEML98),Karlsruhe,Germany,1998.

[22] E. Bozak,M. Ehrig,A. Hotho,et al. KAON - Towards a large scale Semantic Web[C]. K. Bauknecht, A. M. Tjoa,G. Quirchmayr (Eds.): EC - Web,2002: 304 - 313.

[23] Edward D,Taylor C,Sneld D J. Artificial Intelligence in Command and control. Signal,1998.

[24] Elsevie. What is WordNet? [DB/OL]. http://wordnet. princeton. edu/wordnet,2005.

[25] Extensible Modeling and Simulation Framework (XMSF). [DB/OL]. http://www. movesinstu - te. org/xmsf. html,2005.

[26] Baader F,Calvanese D,McGuinness D,et al. The Description Logic Handbook: Theory,Implementation and Applications [M]. Cambridge: Cambridge University Press,2003.

[27] Fabio Y Okuyama,Renata Vieira,Rafael H Bordini,et al. An Ontology for Defining Environments within Multi - Agent Simulations[C]. In Guizzardi,G. and de Farias,C. R. G. , eds. ,First Worksho Pon Ontologies and Metemodeling in Software and Data Engineering,Florianópolis,Brazil,2006.

[28] Frame Logic. [DB/OL]. http://flora. sourceforge. net/aboutFlogic. php,2008.

[29] Frank van Harmelen,Ian Horrocks. Reference Description of the DAML + OIL ontology marku Planguage. [DB/OL]. http://www. daml. org/2000/12/reference. html,2001.

[30] Frank Wolter,Michael Zakharyaschev. Spatio - temporal representation and reasoning based on RCC - 8 [J]. In: Cohn AG,Giunchiglia F,Selman B eds. Proc. of the 7th Conf. on Principles of Knowledge Representation and Reasoning. Breckenridge: Morgan Kaufmann,2000:3 - 14.

[31] Frederio T Fonseca,Max J Egenhofer,Peggy Agouris. Using Ontologies for Integrated Geographic Information Systems [J]. Transactions in GIS 2002,6(3): 231 - 257.

[32] Geography Marku PLanguage[DB/OL]. http://www. opengeospatial. org/standards/gml.

[33] Grenon P. The Spatio - temporal Ontology of Reality and Its Formalization[C]. In AAAI Spring Symposium on Foundations and Applications of Spatio - temporal Reasoning(FASTR),2003.

[34] Gruber T R. A translation approach to portable ontology specifications [J]. Knowledge Acquisition,1993, 5(2): 199 - 220.

[35] Gruber T. Towards principles for the design of ontologies used for knowledge sharing [J]. International

Journal of Human – Computer Studies,1995,43(5 – 6): 6907 – 6928.

[36] Guarino N. Semantic Matching: Formal Ontological Distinctions for Information Organization, Extraction and Integration[C]. Pazienza M T, eds. Information Extraction: A Multidisciplinary Approach to an Emerging Information Technology, Springer Verlag,1997:139 – 170.

[37] Guido Boella, Leendert van der Torre, An Agent Oriented Ontology of Social Reality[C]. In Procs. of FOIS 04, Torino.

[38] http://www. cs. rochester. edu/ ~ ferguson/daml/daml – time – nov2002. txt.

[39] IEEE P1600. 1[DB/OL]. http://www. suo. ieee. org/index. html.

[40] Buford J, Jakobson G, Lewis L. Extending BDI Multi – Agent Systems with Situation Management[C]. Information Fusion,9th International Conference,2006:1 – 7.

[41] Heflin J, Hendlerl J. Searching the web with SHOE[C]. Artificial Intelligence for Web Search1 Menlo Park, AAAI Press,2001: 35 – 40.

[42] Jerry R Hobbs, Feng Pan. Time Ontology in OWL. [DB/OL]. http://www. w3. org/TR/2006/ WD – owl – time – 20060927.

[43] Jerry R Hobbs. A DAML Ontology of Time. [DB/OL]. http://www. cs. rochester. edu/ ~ ferguson/ daml/daml – time – nov2002. txt,2002.

[44] Jin Song Dong. Timed Formalisms for Plan Ontology and Processes[R]. National University of Singapore, XC064008,2007: 21 – 41.

[45] Clark K L, McCabe F G. Ontology schema for an agent belief store [J]. International Journal of Human – Computer Studies,2007,65(3): 640 – 658.

[46] Ken Kaneiwa, Michiaki Iwazume, Ken Fukuda. An Upper Ontology for Event Classifications and Relations [C]. M. A. Orgun and J. Thornton (Eds.),2007: 394 – 403.

[47] Kenneth Baclawski, Mieczyslaw K Kokar, Christopher J Matheus. Formalization of Situation Awareness [C]. In: The 17th Annual ACM Conference on Object – Oriented Programming, Systems, Languages, and Applications, Nov,2002:25 – 39.

[48] Farinas L. A Herzig Interference logic = conditional logic + frame axiom. International Journal of Intelligent Systems 1994,9(1): 119 – 130.

[49] Laboratory for Applied Ontology[DB/OL]. http://www. loa – cnr. it/DOLCE. html.

[50] Lars Norlander. A Framework for Efficient Implementation of Context – Based Reasoning in Intelligent Simulation [D]. University of Central Florida, Orlando,1999.

[51] Lee Chew Huang, Lee Hian Beng, Ng Gee Wah, et al. Plan Ontology and its Application[C]. In 7th International Conference On Information Fusion, Sweden,2004, USA: Svensson,2004: 455 – 460.

[52] Lee Lacy, William Gerber. Potential Modeling and Simulation Applications of the Web Ontology Language—OWL[C]. Proceedings of the 2004 Winter Simulation Conference: 265 – 270.

[53] LOOM Project Homepage. [DB/OL]. http://www. isi. edu/isd/LOOM/,2007.

[54] Genesereth M R, Fikes R E. Knowledge interchange format version 310 reference manual [M]. Stanford University,1992.

[55] Mehul Bhatt, Wenny Rahayu, Gerald Sterling. Synthetic Environment Representation Semantics Using the

Web Ontology Language [J]. Lecture Notes in Computer Science,2005,3578: 9 - 16.

[56] Michael P Georgeff,Francois Felix Ingrand. Decision - making in an Embedded Reasoning System[C]. Sridharan N. S. ed. Proceedings of the 11th International Joint Conference on Artifical Intelligence,San Mateo: Morgan Kaufmann Publisher,1989: 972 -978.

[57] Michael R Genesereth. Knowledge Interchange Format (KIF). [DB/OL]. http://logic. stan - ford. edu/kif/,2005.

[58] Michael Wooldridge. 多 Agent 系统引论[M]. 石纯一,张伟等译. 北京:电子工业出版社,2003.

[59] Mieczyslaw M Kokar, Christopher J Matheus, Kenneth Baclawski. Ontology - based Situation Awareness [J]. Information Fusion 10,2009: 83 -98.

[60] Mikel D Petty. Computer - Generated Forces in Distributed Interactive Simulation[C]. Distributed Interactive Simulation System for simulation and Training in the Aerospace Environment,Orlando. FL. USA, 1995,Vol. CR58: 251 -280.

[61] Mostafa M Aref,Zhou Zhengbo,The Ontology Web Language(OWL)for a Multi - Agent Understating System[C]. KIMAS 2005,April 18 -21,2005,Waltham,MA,USA. :586 -591.

[62] Muller. Topological spatio - temporal reasoning and representation [J]. Computational Intelligence,2002: 420 -450.

[63] Myo - Myo Naing,Ee - Peng Lim,Dion Hoe - Lian Goh. A Survey of Ontology - based Web Annotation [C]. In Proceeding of the 1st International Conference on Computer Application, 2003, Yangon: 113 - 123.

[64] Norbert Baumgartner,Werner Retschitzegger. A Survey of Upper Ontologies for Situation Awareness[C]. International Conference on Knowledge Sharing and Collaborative Engineering,2006.

[65] Nuno Carvalho,Jose Joao Almeid,Alberto Simoes. OML: A Scripting Approach for Manipulating Ontologies [C]. Information Systems and Technologies (CISTI),6th Iberian Conference,2011: 1 -6.

[66] OCML Operational Conceptual Modeling Language. [DB/OL]. http://technologies. kmi. open. ac. uk/ ocml/,2008.

[67] OKBC. [DB/OL]. http://www. ksl. standford. edu/software/OKBC/,2006.

[68] Ontolingua. [DB/OL]. http://www. ksl. standford. edu/software/ontoloingua/,2003.

[69] Ontology Interchange Layer (OIL). [DB/OL]. http://ontoknowledge. org/oil,2003.

[70] Ontology Marku PLanguage. [DB/OL]. http://www. ontologos. org/OML/,2003.

[71] OpenCyc. [DB/OL]. http://www. opencyc. org,2007.

[72] OWL Web Ontology Language Reference. [DB/OL]. http://www. w3. org/TR/owl - ref/,2004.

[73] OWL Web Ontology Language. [DB/OL]. http://www. w3. org/TR/OWL - feature/,2009.

[74] Karp P D,Chaudhri V K,Thomere1 J. XOL: An XML - based ontology exchange language, AI Center. SRI International,1999.

[75] Cohen P R,Levesque H J. Intension is Choice with Commitment [J]. Artificial Intelligence,1990,42(3): 23 -261.

[76] Perez A G,Benjamins V R. Overview of Knowledge Sharing and Reuse Components: Ontologies and Problem - Solving Methods[C]. Stockholm V. R. ,Benjamins B. ,Chandrasekaran A. (eds) Proceedings of

the IJCAI – 99 worksho Pon Ontologies and Problem – Solving Methods(KRR5),1999: 1 – 15.

[77] Preprint submitted to Elsevier. [DB/OL]. http://sweet. jpl. nasa. gov/ontology,2008.

[78] Protégé. [DB/OL]. http://www. protege. stanford. edu/.

[79] PSL Ontology – Current Theories and Extensions[DB/OL]. http://www. mel. nist. gov /psl /psl – ontology.

[80] MacGregor R,Bates R. The loom knowledge representation language [D]. USC Information Sciences Institute,1987.

[81] Racer. [DB/OL]. http://www. sts. tu – harburg. de/ – r. f. moeller/racer,2006.

[82] RDF Semantic. [DB/OL]. http://www. w3. org/TR/rdf – mt/,2003.

[83] Richard Fikes,Qing Zhou. A Reusable Time Ontology[R]. Knowledge System Laboratory Technical Report KLS – 00 –01,2000: 1 –20.

[84] Rob Raskin. Guide to SWEET ontologies for Earth System Sciencep. [DB/OL]. http://www. sweet. jpl. nasa. gov,2004.

[85] Rao S,George M P. Modeling rational agents within a BDI – Architecture[C]. Proceedings of the Second International Conference on Principles of Knowledge Representation and Reasoning,KR91, edited by Allen,J. Fikes,R. and Sandewall,E. Published by Morgan Kaufmann,San Mateo,CA,1991.

[86] SHOE ontologies. [DB/OL]. http://www. cs. umd. edu/projects/plus/SHOE/onts,2007.

[87] Song Xiao,Xin Lijun. Research on Key Technology of Standard Atmosphere Database[C]. 2008 Asia Simulation Conference 7th intl. Conf. on Sys. Simulation and Scientific Computing,2009,316: 1497 – 1500.

[88] Stéphane Faulkner,Manuel Kolp. Ontological Basis for Agent ADL [C]. Conference on Advanced Information Systems Engineering,2003,74.

[89] Suggested Upper Merged Ontology(SUMO). [DB/OL]. http://www. ontologyportal. org.

[90] SWEET Ontology. [DB/OL]. http://sweet – ontology. sourceforge. net/.

[91] SWRL: Semantic Web Rules Language Combining OWL and RuleML. [DB/OL]. http://www. w3. org/ submission /SWRL/,2004.

[92] Gruber T R. ONTOL INGÚA: A mechanism to support portable ontologies [D]. Stanford University,1992.

[93] Thomas Bittner,Barry Smith. Granular Spatio – Temporal Ontologies[C]. AAAI Spring Symposium on Foundation and Applicaction of Spatio – Temporal Reasoning (FASTR),2003:12 – 17.

[94] Thomas Satnzione,Kevin Johnson. GIS Enabled Modeling and Simulation (GEMS) [C]. Twelfth international Command and Control Research and Technology Symposium,2007: 1 –40.

[95] Time Ontology in OWL. [DB/OL]. http://www. w3. org/TR/owl – time/.

[96] Visser U,Stuckenschmidt H,Schuster G, et al. Ontologies for Geographic Information Processing [J]. Computer & Geosciences,2002,28(1):103 – 117.

[97] Haarslev V,Moller R. Description RACER system and its Application[C]. In Proceedings of Description Logics,2001.

[98] Chaudhri V K,Farquhar A,Fikes R. OKBC: A programmatic foundation for knowledge base interoperability[C]. Proc of the 15th National Conf on Artificial Intelligence (AAAI 298),Madison,WI. USA,1998,

Wisconsin: AAAI Press/MIT Press,1998.

[99] VT MäK. VR – Forces Developers Guide [Z]. Revision VRF – 4.0 – 2 – 110120.

[100] W3C. [DB/OL]. http://www.w3.org,2010.

[101] Wei Liu,Wenjie Xu,Jianfeng Fu,Zongtian Liu,and Zhaomang Zhong. An Extended Description Logic for Event Ontology[C]. GPC 2010,2010,(6104): 471 – 481.

[102] William Andersen,Brian Peterson. An Ontology of Modern Military Organizations and their Structure[C]. In Worksho Pon the IEEE Stander Upper Ontology,2001.

[103] Wooldridge M,Jennings N R. Intelligent Agents: theory and practice [J]. The Knowledge Engineering Review,1995,Vol.10,No.2: 115 – 152.

[104] XOL Ontology Exchange Language. [DB/OL]. http://www.ai/sri.com/pkarp/xol/,2005.

[105] 安杨,赵波. 基于本体的空间信息集成[J]. 华中科技大学学报(自然科学版),2006,34(supl. I): 90 – 93.

[106] 陈凯,何克清,李兵,等. 面向对象的本体建模研究[J],计算机工程与应用,2005,40 – 43.

[107] 陈中祥. 基于 BDI Agent 的 CGF 主体行为建模理论与技术研究[D]. 武汉:华中科技大学,2004.

[108] 戴静波,曾亮,张巍. 虚拟战场环境中群体组织结构本体建模方法研究[J]. 系统仿真学报,2008(增刊):128 – 131.

[109] 董明楷,张海俊,史忠植. 基于动态描述逻辑的主体模型[J]. 计算机研究与发展,2004,41(5): 780 – 786.

[110] 董明楷,面向智能主体的动态描述逻辑研究[D]. 中国科学院研究生院博士学位论文,2003.

[111] 冯磊,尹全军,胡记文,等. 任务型 CGF 组织本体建模[J]. 系统工程与电子技术,2010,32(11): 2389 – 2393.

[112] 冯志勇,李文杰,李晓红. 本体论工程及其应用[M]. 北京:清华大学出版社,2007.

[113] 郭刚. 综合自然环境建模与仿真研究[D]. 国防科技大学博士学位论文. 长沙:国防科技大学,2004.

[114] 郭齐胜,董志明. 战场环境仿真[M]. 北京:国防工业出版社,2005.

[115] 何克清,何扬帆,王翀,等. 本体元建模理论方法及其应用[M]. 北京:科学出版社,2008.

[116] 何友,王国宏,陆大绘,等. 多传感器信息融合及应用[M].2 版. 北京:电子工业出版社,2007.

[117] 胡鹤. 本体方法及其时空推理应用研究[D]. 吉林大学博士学位论文,2004.

[118] 黄柯棣,刘宝宏,黄健. 等. 作战仿真技术综述[J]. 系统仿真学报,2004,16(9): 1887 – 1895.

[119] 黄茂军. 地理本体的形式化表达机制及其在地图服务中的应用研究[D]. 武汉大学博士学位论文,2005.

[120] 蒋维,郝文宁,杨晓恝. 军事训练领域核心本体的构建[J]. 计算机工程,2008,34(5): 191 – 212.

[121] 景东升. 基于本体的地理空间信息语义表达和服务研究[D]. 北京:中国科学院研究生院,2005.

[122] 李宏伟. 基于 Ontology 的地理信息服务研究[D]. 郑州:解放军信息工程大学,2007.

[123] 刘大有,胡鹤,王生生,等. 时空推理研究进展[J]. 软件学报,2004,15(8): 1141 – 1149.

[124] 刘大有,王生生,谢琦,等. 时空信息表示、推理和应用[C]// 刘大有. 知识科学中的基本问题研究. 北京:清华大学出版社,2006: 117 – 148.

[125] 刘剑,黄文斌. 基于 CXBR 的反潜水面舰艇 CGF 决策方法研究 [J]. 计算机仿真,2006,23(7):

207 – 210.

[126] 刘卫华,王行仁,李宁. 综合自然环境(SNE)建模与仿真[J]. 系统仿真学报,2004,16(12): 2631 – 2635.

[127] 刘秀罗,黄柯棣,朱小俊. 有限状态机在CGF行为建模中的应用[J]. 系统仿真学报,2001,13(5): 663 – 665.

[128] 刘秀罗. CGF建模相关技术及其在指挥控制建模中的应用研究[D]. 长沙:国防科技大学,2001.

[129] 刘忠,钱猛,黄金才,等. 基于语义推理的作战计划验证方法[J]. 系统工程与电子技术,2010,32 (5):988 – 993.

[130] 刘宗田,黄美丽,周文,等. 面向事件的本体研究[J]. 计算机科学,2009,36(11): 189 – 193.

[131] 罗旭辉,刘忠,张维明,等,层次任务网络的作战计划建模及生成技术[J]. 火力与指挥控制,2009, 34(12):22 – 26.

[132] 孟宪权,薛青,赵英男,等. CGF中基于遗传算法的路径跟踪自学习研究[J]. 系统仿真学报, 2009,21(10): 2925 – 2929.

[133] 秦前付,徐洸,曹存根. 作战计划策略的表示与应用[J]. 系统工程理论与实践,2005,6:59 – 65,86.

[134] 沈大川,罗睿,王建新,等. 战场关键事件提取技术研究[J]. 计算机技术与发展,2009,19(11): 202 – 205.

[135] 石纯一,张伟. 基于Agent的计算[M]. 北京:清华大学出版社,2007.

[136] 宋佳,诸云强,王卷乐,等. 基于GML的时空本体模型构建及应用研究[J]. 地球信息科学学报, 2009,11(4): 442 – 451.

[137] 宋峻峰,张维明,姚莉,等. OWL DL的形式化基础研究[J]. 小型微型计算机系统,2005,26(2): 297 – 301.

[138] 宋一兵,杨永田,杨晓东,等. 计算机生成兵力中智能体角色模型的研究[J]. 计算机工程,2007,33 (6): 38 – 41.

[139] 唐文彬,朱淼良. 一种基于规则推理的BDI模型实现[J]. 计算机科学,2003,3(5):30 – 32.

[140] 王海涛,曹存根,高颖. 基于领域本体的半结构化文本知识自动获取方法的设计和实现[J]. 计算机学报,2005,28(12),2010 – 2018.

[141] 王会霞,王行仁. 面向Agent方法在计算机生成兵力中的应用研究[J]. 系统仿真学报,2002,14 (7):887 – 889.

[142] 王生生,刘大有,李昕,等. 时空本体及其逻辑研究现状与展望[J]. 计算机科学,2008,35(12): 15 – 17.

[143] 吴集. 多智能体仿真支撑技术、组织与AI算法研究[D]. 长沙:国防科技大学,2006.

[144] 薛存金,谢炯. 时空数据模型的研究现状与展望[J]. 地理与地理信息科学,2010,26(1): 1 – 6.

[145] 杨建池,韩守鹏,黄柯棣. 军事领域本体构建研究[J]. 计算机仿真,2007,24(12): 6 – 9.

[146] 杨建池,张新宇,黄柯棣. 本体论在Agent间通信中的应用[J]. 系统仿真学报,2007,19(6): 1199 – 1202.

[147] 杨建池. Agent建模理论在信息化联合作战仿真中的应用研究[D]. 长沙:国防科技大学,2007年 10月.

[148] 杨瑞平. 指挥实体建模研究[D]. 装甲兵工程学院,北京：2006.

[149] 尹全军,张琦,郭刚,等. 基于多 Agent 的战场角色仿真建模研究[J]. 系统仿真学报,2005,17 (12):2837 - 2840.

[150] 尹全军. 基于多 Agent 的计算机生成兵力建模与仿真[D]. 长沙:国防科技大学,2005.

[151] 张航义. 基于 Agent 的 CGF 行为建模技术研究[J]. 计算机仿真,2003,20(8):79 - 134.

[152] 张灵峰,夏战锋,彭志平. 基于 Tbox 和 Abox 的描述逻辑推理研究[J]. 计算机技术与发展,2010, 20(11):122 - 129.

[153] 张铃,张钹. 问题求解理论及应用—商空间粒度计算理论及应用[M]. 2 版. 北京:清华大学出版 社,2007.

[154] 张新良,石纯一. 基于描述逻辑的 Agent 组织[J]. 计算机研究与发展,2005,42(11):1843 - 1848.

[155] 赵迫,黄勇奇. 基于地理本体和 SWRL 的地理时空信息与时空推理规则表达[J]. 安徽农业科学, 2009,37(3): 1375 - 1379.

[156] 郑茂辉,冯学智,蒋莹滢,等. 基于描述逻辑本体的 GIS 多重表达[J]. 测绘学报,2006,35(3): 261 - 266.

[157] 郑义. 计算机生成兵力行为建模与实现技术研究[D]. 长沙:国防科技大学,2003.

[158] 周礼全. 模态逻辑引论[M]. 上海:上海人民出版社,1986.

[159] 周彦,戴剑伟. HLA 仿真程序设计[M]. 北京:电子工业出版社,2002.

[160] 朱君,汤庸.角色群体协作中的层次感知模型研究[J].软件学报,2007,18(suppl):95 - 101.